Richard Linder

Zur älteren livländischen Reimchronik

Richard Linder

Zur älteren livländischen Reimchronik

ISBN/EAN: 9783743357730

Hergestellt in Europa, USA, Kanada, Australien, Japan

Cover: Foto ©Thomas Meinert / pixelio.de

Manufactured and distributed by brebook publishing software (www.brebook.com)

Richard Linder

Zur älteren livländischen Reimchronik

ZUR ÄLTEREN LIVLÄNDISCHEN REIMCHRONIK.

INAUGURAL-DISSERTATION

ZUR

ERLANGUNG DER DOKTORWÜRDE

DER

HOHEN PHILOSOPHISCHEN FAKULTÄT

DER

UNIVERSITÄT LEIPZIG

VORGELEGT VON

RICHARD LINDER

AUS LEIPZIG.

LEIPZIG,
DRUCK VON J. B. HIRSCHFELD.
1891.

MEINER MUTTER.

INHALT.

	Seite
Quellennachweise	1
I. Einleitung.	
a. Die Handschriften	3
b. Das Verhältnis der Hss. zu einander	13
c. Ausgaben, Übersetzungen, Literatur	17
II. Sprache und Metrum der l. R.-Chr.	
A. Vorbemerkung: Das Deutsche in Livland	20
B. Die Sprache der R.-Chr.	32
C. Metrik	50
III. Der Verfasser der livl R.-Chr.	61
IV. Die Zeit der Abfassung	68

Quellen.

Leo Meyer, Ausg. der l. RChr., Paderborn 1876.
Pfeiffer, Ausg. d. l. RChr., Stuttgart 1844.
Goedeke, Grundriss d. G. d. dtsch. Dichtung. 2. Aufl. Dresden 1844.
  Abkürzung: Goed. Grdr.
Paul, Grundriss der german. Philologie. Bd. II. Strassburg 1890.
Göttinger gelehrte Anzeigen 1876.
Zachers Zeitschrift f. dtsch. Phil. Bd. IV.
Haupts Zeitschrift f. dtsch. Alterthum. Bd. XIII (Abk.: Hpt.). Anzeiger 1876.
Baltische Monatsschrift. Neue Folge, Bd. III.
Grimm, Deutsche Grammatik. 2. Ausg.
— Deutsches Wörterbuch.
Weinhold, Mhd. Grammatik. 2. Aufl. Paderborn 1883. (Abk.: Wh.)
Paul, Mhd. Grammatik. 3. Aufl. Halle 1889.
Zarncke-Müller, Mhd. Wörterbuch.
Lexer, Mhd. Handwörterbuch.
v. Bahder, Über ein vokalisches Problem im Md. Halle 1880.
K. Franke, Das Veterbuch I. Paderborn 1880.
Pfeiffer, Nicolaus v. Jeroschin. Stuttgart 1854.
Wattenbach, Deutschlands Geschichtsquellen im M.-A. 5. Aufl. Berlin 1880.
Lorenz, Deutschlands Geschichtsquellen im M.-A. 2. Aufl. Berlin 1876.
E. Winkelmann, Bibliotheca Livoniae historica. 2. Aufl. Berlin 1878.
v. Bunge, Liv-, Esth- und Kurländisches Urkundenbuch nebst Regesten. Bd. I, II, III, IV. (Abk.: L. U. B. R bedeutet Regesten.) Riga 1853—1873.
Hennebergisches Urkundenbuch, Meiningen 1842.
Cod. dipl. Saxoniae II, 12. 13. (Freiberger Urkundenbuch.)
Script. rer. Prussicarum, hauptsächlich Bd. I. II.
  „   „   Livonicarum, Bd. I. Riga 1853.
Linder, livländ. Reimchronik.

Monumenta Germaniae, Bd. XXIII. Deutsche Chroniken, Bd II.
Mittheilungen aus dem Gebiete der Geschichte Liv-, Esth- und Kurlands, Bd. III, VIII, XII.
v. Ditmar, Disquisitio de origine nominis Livoniae. Heidelberg 1816.
Höhlbaum, Joh. Renners livl. Historien und die jüngere livl. R-Chr. I. Teil. Göttingen 1871.
J. Bachem, Versuch einer Chronologie d. Hochmeister dtsch. Ordens, Münster 1802.
Wachtsmuth, Über die Quellen und den Verfasser der alten livl. RChr. Programm des Gymnasiums zu Mitau 1878.
Sitzungsberichte d. Gesellsch. f. Gesch. d. Ostsceprovinzen 1876.
Voigt, Jahrbücher Johann Lindenblatts, Königsberg 1823.
David Richter, Genealogia Lutherorum, Berlin u. Leipzig 1733.
Sammlung vermischter Nachrichten z. sächs. Geschichte, Bd. II. Chemnitz 1768.
J. G. Eiler, Beltziger Chronik, Wittenberg 1743.
Gauhe, Adelslexikon.
v. Lieven, Material zu einer livl. Adelsgeschichte (Nord. Miscell. XV—XVII, XIX, XXI, XXII.)

I. Einleitung.

a. Die Handschriften.

1. Die Rigaer Hs. (R).

Die livländische Reimchronik, am Ende des 13. Jahrhunderts entstanden (das Nähere siehe Abt. III), war bis zum Ausgang des 16. Jahrhunderts wohl bekannt und als Quelle für livländische Geschichte vielfach benutzt (Ordenschronik, Hermann von Wartberge, Moriz Brandis, Joh. Renner). Von dieser Zeit ab blieb sie durch 2 Jahrhunderte verschollen, und erst gegen Ende des 18. Jahrhunderts tauchte sie wieder auf.

Ein Gubernialrath von Bretschneider in Lemberg befand sich zu dieser Zeit im Besitze einer Hs. der Reimchronik, eben der von ihrem späteren Aufenthaltsorte genannten Rigaer. Er nahm eine Abschrift von derselben und bot sie, jedoch vergeblich, dem Buchhändler J. F. Hartknoch in Riga zum Verlage an. Auf die Nachricht hiervon trat ein um die livländische Geschichte hochverdienter Mann, Dr. Liborius Bergmann, mit Bretschneider in Unterhandlung und erwarb von ihm die Hs. im Jahre 1797.

Nach Bergmanns Tode kam sie in den Besitz eines Pastors Treu oder Trey, und ging nach dessen Ableben samt seiner ganzen Bibliothek in den Besitz der livländischen Ritterschaft über. In der Bibliothek derselben befindet sie sich heute.

Da mit dieser Hs. die Fragen über die Zeit der Abfassung der Chronik und über den Verfasser in engstem Zusammenhang stehen, halte ich es für geboten nach Meyers (bei Zacher IV, S. 407—444, Balt. Monatsschrift N. F. Bd. III, S. 353—381) und Berkholz's (Mitth. XII, 1. Heft, S. 33—71) Darstellung hier eine kurze Beschreibung des Codex zu geben. Ich beschränke mich darauf, genauer und ausführlicher nur das wiederzugeben, was zur Entscheidung dieser Fragen oder für die Geschichte der Hs. von Wichtigkeit ist.

Der Codex ist ein Band in grossem Quartformat, in braunem Lederdeckel mit goldverziertem Rücken und rothgefärbtem Schnitt. Dieser Einband stammt aber erst aus der Zeit nach der Erwerbung durch Bergmann.

Ausser der Pergamenths. enthält der Band 3 Papierblätter, von denen 2 dem Codex voraufgehen, eines folgt. Auf dem ersten dieser Papierblätter findet sich folgender Eintrag:

Imprimatur
Parrot
p.t. rector.

Das bedeutet die Erlaubnis seitens der Censur zum Druck der Hs.

Auf dem zweiten der papiernen Vorblätter steht geschrieben:

*Laus Deo semper
Der Riterlichen
meister vnd Bru-
der zu nieflant
geschicht, wie sie von wegn
des Christen glaubens, vom
tusent hundirt vnd dri vir-
zig iar an, bifs vf tusent
zwey hundirt neunzig iar
mitt den heiden gott zur
ere, inen zur selen
selikeit gefoch-
ten haben.*

*Joännis Alnpechi
Coss Leöpolien' et
charae posteritatis
Reformatg A° 1625.*

Darunter noch ein paar Schnörkel, aus denen Berkholz ein R. S. (Reparatae Salutis) glaubte herauslesen zu können. Die eigentliche Pergamenths. besteht aus 86 Blättern in 8 Lagen von je 5 und einer neunten von 3 Doppelblättern. Zwischen der zweiten und dritten Lage (nach dem jetzigen Bestande des Codex) ist eine ganze Lage verloren gegangen; wann, lässt sich nicht feststellen. Als der Codex in Bergmanns Besitz kam, war diese Lücke schon vorhanden. Sie umfasst, da auf jeder Spalte des Codex 32 Verse, auf der Seite mithin 64 Verse eingetragen sind, 1280 Verse (V. 2561 bis 3840).

Die beiden letzten Pergamentblätter sind zwar in derselben Weise wie die übrigen liniirt, vom Schreiber des Codex aber nicht mehr benutzt worden. Der Text der Reimchronik endet auf der Rückseite des 4. Blattes der letzten Lage und reicht hier bis zur 17. Zeile der zweiten Spalte.

Es folgt dann ein Zwischenraum von 5 leer gelassenen Zeilen, und darauf, von einer anderen Hand als der des Schreibers, einer Hand aber, welche sich bemüht hat, die Züge des Hs. genau nachzubilden, die bekannte Nachschrift:

Geschriben in der kumentur
zu rewel durch den Ditleb
von Alnpeke im m' cclxxxvj
iar.

Von den ursprünglich leer gelassenen 4 letzten Seiten sind es noch jetzt die erste, und, bis auf einige unverständliche Worte, die vierte. Auf der zweiten und dritten dagegen sind in Schriftzügen des 16. Jahrhunderts zahlreiche Bemerkungen eingetragen. Dieselben sind teilweise oder auch ganz durch Überstreichen oder Radieren unleserlich gemacht worden, vielleicht von derselben Hand, von welcher die den Ditleb von Alnpeke betreffende Notiz stammt. Trotzdem ist es Schirren gelungen, sie teilweise wieder zu entziffern.

Ich gebe diese Einträge im Ganzen nach dem Aufsatz von Berkholz (Mitth. XII), lasse jedoch dessen Conjekturen bei Seite, da das Verständnis der Einträge dadurch keine wesentliche Förderung erfährt:

Erste Spalte. Die Einträge verteilen sich auf 4 durch grössere Zwischenräume getrennte Absätze. Es sind drei Hände zu unterscheiden.

Erste Hand: *anfangck nach Cristi*
gebort m 1c xliii
kronica wo
nifflant ersten
gevunden vnnd
gewunnen
Bestediget vnde
Bevestigeth ist.
.... *us de* .. *s* .... *usen*
. . . .
. . . .

Zweite Hand: *W. v.* .... *her kroniken*
mer logen alse warheyt
bekenne icke mit dusser
myner egenen hantscryfft
Fr ..... *de J* .. *ger vann*
Tysenhusen ihn berson
Jtzundes anno Nato dnī
1539 in die sancte luce
ewangelyste

Dritte Hand: *ditt bock hort Reynolth*
van Tysenhusen ihm berson
de ys vpper .... *rt broder*
sylwgedridte. Meysteren
Her herman van hasenkamp
anders genamt Bruggenoey
Her hinrick van Galen
lantmarschalck

Her Johan Recke kumpter
tho velyn.

Zweite Spalte. Nur Eine Hand.
anno nato dnj 153. ı
worden monneck vnd
nunen vt den klosterr
~dreuen Godeshuser
~det ane leidt

~ nrm amē
~nuj
.cipio
eculor.

ıe . . senhusen
e p

.er nur Zeile 11, die den Namen des
ı Tisenhausen, enthält.
.ur Federproben. Nur Eine Hand.
.eren gunstigen groth
uoren Gestrenger
Grave
Dem Edlen vnd Erentvestenn
Gestrengenn Jnsonder
Jenger in Vngeren
Jungste blifft by dem
Slott bliuenn Vnd
XVII Fruw Reinolt vonn Tisenhusenn.

/ierte Spalte. Nur unbedeutende Federproben von verschiedener Schriftart und Grösse. Die Hand ist dieselbe wie in Spalte III.

gloriam tyby domynum
Magnificat Annima
Mead dnm
Frumilck
Quitancenn
vnnd
XIII.

Ausser diesen Notizen enthält die Hs. noch zahlreiche Randbemerkungen, die teils noch vollständig erhalten, teils durch mehrfaches Beschneiden des Codex beschädigt sind, je nachdem sie vor oder nach dem jedesmaligen Beschneiden eingetragen sind.

Berkholz unterscheidet sieben verschiedene Hände, die an der Eintragung beteiligt sind. Die älteste derselben gehört der ersten Hälfte des 15. Jahrhunderts an; die letzte ist die Gustav Bergmanns, des Bruders des ersten Herausgebers.

Erwähnenswert ist von diesen Randbemerkungen nur die zusammenhängende lateinische Inhaltsangabe über V. 1—240. Sie stammt wahrscheinlich von einem Polen, oder von einem in Polen lebenden, humanistisch gebildeten Deutschen, wie Berkholz aus der Namensform *Littaui* schliesst. Nur bei lateinisch schreibenden Polen würden die Littauer so genannt.

An diese ausführliche Inhaltsangabe schliessen sich von V. 240—1312 kürzere Randnoten mit nur loser Anknüpfung und Beziehung auf den Text. Als Zeit dieser Einträge giebt Berkholz das Ende des 16. oder den Anfang des 17. Jahrhunderts an.

Dazu kommen unter der letzten Spalte des Textes der Chronik 2 Subtraktionsexempel. In dem einen, mit Bleistift ausgeführten, wird 1296 von 1647 abgezogen, in dem andern, mit Tinte ausgeführten 1296 von 1671. Das letztere ist sicher von der Hand eines Polen: hinter dem Facit 375 steht in polnischer Sprache: Jahre alt *(rok dawny)*, und darunter, ebenfalls polnisch: „Es ist sehr alt" *(przedawne jest)*.

Für die Geschichte der Hs. ergiebt sich daraus, dass der

Codex in der ersten Hälfte des 16. Jahrhunderts sich noch in Livland befunden habe, und im Besitz der Familie Tisenhausen in Berson gewesen ist, dass er Ende des 16. oder Anfang des 17. Jahrhunderts nach Polen gewandert ist und sich noch 1797 in einem polnischen Lande befunden hat.

Bergmann hielt diese Hs. für die Originalhs., hauptsächlich wohl deshalb, weil er keinen Zweifel in die Echtheit der Alnpeke-Nachschrift setzte. Der Einwand von Paucker (Arbeiten d. kurl. Ges. für Lit. u. Kunst, 1847, Heft I, S. 107), dass eine Komthurei im Jahre 1296 in Reval noch gar nicht existiert haben könne, da Reval erst 1345 aus dänischem Besitze in den des Ordens übergegangen sei, weckte zuerst Zweifel.

Berkholz unterwarf diese Frage einer erneuten Prüfung und kam zu dem Schluss, dass die ganze Nachschrift gefälscht, und dass weder der Dichter, noch ein Schreiber der Hs. damit gemeint sein könne. (Vgl. Mitth. XII, Heft I, S. 48—54.)

Was hat es nun für eine Bewandtnis mit diesem Alnpeke?

Die Alnpekes sind ein ursprünglich ungarisches Geschlecht (Moller, Vermischte Nachrichten zur sächs. Geschichte). Ein Stefan von Alnpeke wanderte von dort nach Freiberg in Sachsen aus und wurde hier 1477 Bürgermeister. Seine Nachkommen schwangen sich zu grossem Wohlstand empor und erscheinen bald mit den ersten Familien Sachsens durch verwandschaftliche Bande verknüpft. So durch die Marschalchs von Biberstein auch mit den Nachkommen Luthers. Einigemal erscheinen Alnpekes in Urkunden zusammen mit Nachkommen Luthers: in einem Ehekontrakt zwischen Nickel Marschalch und Luthers Enkelin Anna, als Zeugen unter der Urkunde über eine Erbteilung zwischen den Kindern des Dr. Paul Luther; ferner tritt dieser Name auf in dem Stammbuche von Luthers Enkel Joh. Ernst Luther. In diesem haben sich eingezeichnet Melchior Alnpeke, Hieronymus Wolff Alnpeke von Lockwitz und Hannss Alnpeke auf Horckwitz und Oberscharr (Richter, Genealogia Luther. 1733, S. 522 f. Paucker, Arb. d. kurl. Ges. 1847, S. 113). Wegen besonderer Tapferkeit, die einige Alnpekes im Kampfe gegen die Türken an den Tag gelegt, wurde das Geschlecht zur Führung einer besonderen Auszeichnung in seinem Wappen berechtigt, und dieses also ausgezeichnete Wappen soll zu Mollers Zeit noch im Freiberger Dom zu sehen gewesen sein. Am Ende des 17. Jahrhunderts starb das Geschlecht in Sachsen aus. — Schon im Jahre 1538 waren ein Sebald und ein Hannss Allenpek von Freiberg weggezogen und hatten sich nach dem Bericht der „Curiosa Saxonica auf das Jahr 1760" „zur reuschischen Lemburgk" gewendet, nach Lemberg also. Beide verheirateten sich dort mit Töchtern des Lemberger Rathsherrn Wolff Schüler. Von einem derselben stammt der auf dem Vorblatt genannte Johannes Alnpeke ab. Ob dieser nun selbst der Fälscher ist, oder ob er das Opfer eines Betrügers geworden ist, lässt sich natürlich nicht entscheiden, und ist ohne Belang.

Nachdem diese freche Fälschung erkannt war, musste auch die Frage nach dem Alter der Hs. einer erneuten Prüfung unterworfen werden. Dieser Arbeit unterzog sich Berkholz; die Ergebnisse derselben sind niedergelegt Mitth. XII, I, 54—58.

Danach ist der Codex um die Mitte des 14. Jahrhunderts geschrieben; er ist also nicht die Originalhs. Dazu stimmen denn auch Versehen, die unerklärlich sein würden, wenn der Codex vom Dichter selbst oder nach seinem Diktat geschrieben wäre, wie die Auslassung des Reimwortes V. 901, Einsetzung eines falschen Reimwortes V. 8734 *gewart: schar*, ferner die Umstellung der Verse 4221 f., 7631 f. und nachträgliche Correktur dieses Versehens.

2. Die Heidelberger Hs. (H.)

Eine Beschreibung der Hs. an dieser Stelle wäre überflüssig, da sich an diesen Codex keine Fragen von Bedeutung, wie an R knüpfen. Es möge Folgendes genügen: Die Hs. ist eine Pergamenths. des 15. Jahrhunderts und enthält ausser der Deutschordenschronik des Nicolaus von Jeroschin und einigen andern kleineren Denkmälern (Gebet an Maria, zwei Sprüchen gegen Pferdekrankheiten, Beichte d. hl. Dorothea, einem religiös-moral. Gedicht und einer Fabel von Wolf, Bär, Fuchs und Pfaffen) auch die livländische Reimchronik. Der Text ist, von einigen kleinen Lücken abgesehen, vollständig. Diese sind V. 940. 4798—4801. 6365—6368. 6629—6638. 7081—7083. 9155—9157. 11261—11263. 11360.

Einige in R nicht enthaltene Verse finden sich nur in H: so zwischen 7084 und 7085 (nach der Zählung in R) ein Vers: *vil stolcze Lettowen*, zwischen 7027 und 7028 zwei ganze Verse unter gleichzeitiger Abänderung des Reims in V. 7027. Es fehlt ferner der Titel, welchen das zweite Vorblatt in R trägt, u. die Nachschrift, den Alnpeke betreffend, am Schlusse des Textes von R. Über das Verhältnis beider Hss. zu einander s. u.

3. Ein Fragment (F),

umfassend V. 2039—2063, und 6715—6756. Diese Verse sind aus einer Urkunde des 16. Jahrhunderts von Langebek 1763 abgeschrieben und danach gedruckt in den Symbolae ad Literaturam Teutonicam antiquiorem etc., Kopenhagen 1787. Die Urkunde, zu Langebeks Zeit im Archiv der deutschen Canzlei zu Kopenhagen, befindet sich jetzt im Kgl. Geheimen Archiv daselbst. (Von Goedeke Grdr. nicht erwähnt.)

Das ist Alles, was von schriftlicher Überlieferung der Chronik auf unsere Tage gekommen ist.

Einige Hinweise, die auf Spuren verloren gegangener Hss. führen, will ich hier noch aufzählen:

4. Johann Renner sagt in der Vorrede zu seiner livländischen Chronik: *Jdt heft verschener Jaren, nomlich Anno 1551 Thomas Hornerus am aller ersten ein klein Bokeschen vnd Catalogum der Meisters to Liflandt Jn den Druck Latinisch vthgahn laten . . . . . . Oft nu woll disse flith billich tho louen, so hebbe Jck doch by my suluest erachtet, dat es beteon nutz schaffen vnd Jedermanne angenemer sin würde, wenn he de gantzen Historien vnd wunderbarlicken geschichte, de sich Jn dissen landen begeuen, hebben und lesen mochte. — Derweile auerst desuluen nergendts to bekamen gewesen, so hebbe Jck der tidt, als Jck my vmme vorsoekens willen in Liflandt by*

den hern des Ordens, dem Vagede tho Jerven vnd Cumpter thor parnow, vor einen Schriuer etliche Jar lanck entholden, mit allem flite den Antiquiteten vnd olden geschichten hir Jm Lande vorgelopen nachgeforschet, hebbe auerst nichts anders vpspoeren noch erlangen konnen, denn alleine eine Chronicken, so dorch einen prester, Bartholomeus Hoeneken genant, vor langen Jaren beth vp den Meister Goswin van Hericke inclusiue Rimes wise beschreuen, welche Jck vnderhanden genomen, de Rime bliuen laten vnd historischer wise auergesettet.

Nun ist durch Höhlbaum nachgewiesen (Joh. Renners livl. Historien, Göttingen 1872, S. 16—28), dass Renner unsere Chronik, die zum Unterschiede von der verlorenen des Hoencke die ältere heisst, ausgeschrieben hat. Andererseits kann Hoeneke, ein Zeitgenosse Goswins von Herike (Meister 1346—1356) als Verfasser unserer Chronik gar nicht in Frage kommen, sondern seine Chronik ist eine gereimte Fortsetzung der uns vorliegenden. Der Irrthum entsprang, wie Berkholz vermutet, wohl dem Umstand, dass beide Chroniken, in Einen Band gebunden, Renner bei der Benutzung vorlagen.

Der Aufenthaltsort dieses Codex ist wahrscheinlich Reval gewesen. Ich nenne ihn deshalb Rv.

5. Im Jahre 1436 befand sich laut eines Bücherverzeichnisses, das jetzt verloren ist, aber von Voigt noch benutzt werden konnte (vgl. Jahrbücher Joh. Lindenblatts hgg. von Voigt, S. 18 Anm. und Hpt. XIII 570), in der Ordensbibliothek zu Marienburg eine livländische Chronik. Vielleicht ist dies eine Hs. unserer Chronik, allerdings ist auch nicht ausgeschlossen, dass eine Übersetzung der lateinischen Chronik Heinrichs des Letten gemeint ist, doch nicht wahrscheinlich.

6. Ein Zinsbuch aus dem zweiten Viertel des 15. Jahrhunderts, aufgefunden auf dem Provinzialarchiv zu Königsberg, giebt Aufschlüsse über den Bücherbestand vieler Ordensbibliotheken Preussens. In Thorn befand sich danach: *die Gifflendessche cronica deuwtsch*. Ohne Zweifel ist hier eine Hs. der livländischen Reimchronik gemeint.

b. Das Verhältnis der Hs. zu einander.

Meyer suchte Zacher IV S. 407—444 nachzuweisen, dass H eine direkte Abschrift von R sei. Die von Meyer für seine Annahme aufgeführten Belege würden aber einen Schreiber voraussetzen, der unbekümmert um den Sinn, seine Vorlage Buchstaben für Buchstaben nachgemalt hätte. So gross ist aber die Abhängigkeit des Schreibers des Heidelberger Codex durchaus nicht. Er ist zwar von hervorragender Unaufmerksamkeit und Ungeschicklichkeit, zeigt aber doch seine Selbständigkeit: erstens durch die von R ganz verschiedene Orthographie, deren er sich bedient, zweitens durch die Modernisierung, die er mit der Sprache der Chronik vornimmt. In H sind fast alle *i* und *u* bereits diphthongisiert. Der Schreiber schrieb allerdings wahrscheinlich nach einer Vorlage, welche die alten Laute bewahrt hatte, denn er setzt aus Unsicherheit manchmal da den Diphthong ein, wo er nicht hingehört: so z. B. für md. *ūch* = mhd. *iuch* häufig *ouch* (3669. 4425. 4694. 4695. 4931. 7366. 7368. 7370), V. 9146 verwechselt er *lûte* = *clara voce* mit md. *lûte* = Leute und schreibt *lewthe; ei* für *i* < *ie* in *reit* (praet. v. *râten*) 2051, *bescheit* (praet. v. *bescheiden*) 2052; ebenso 2293. 2294. 2327. 2328. Selbst für *i* schreibt er irrthümlich *ei: gebeiten* = *gebiten* 3699 (part. praet.) *Theysinhusen* = *Tisinhusen* 8327.

Einigemal lässt er den undiphthongisierten Laut stehen: *sythe* (die Seite) 506, *Theysinhusen* 8327, *Hornhuzusen* (für *Hornhûsen* verschrieben) 5686. In diesem Punkte würde allerdings die Vorlage von H zu R stimmen, aber dass sie es wirklich ist, ist damit noch nicht erwiesen.

Drittens sind zu beachten die Abweichungen im Text, die H gegen R zeigt.

Zuvörderst kommen hier in Betracht die in H. eingeschobenen selbständigen Verse 7084 a *vil stolcze Lettowen* und 7027 a, 7027 b.

b) Von den Lücken in H. sagt Meyer a. a. O., dieselben „träfen an 4 Stellen gerade oben oder unten auf eine

Seite von R, was nicht bloser Zufall sein könne, weil an solchen Grenzstellen das Auge leicht überspringe". Zu diesen „Grenzstellen" zählt Meyer unberechtigter Weise auch V. 11261/3. Diese stehen aber gar nicht am Schlusse der Spalte, sondern haben noch einen Vers nach sich. Ihr Ausfall kann demnach nicht schwerer wiegen, als der einer Zeile inmitten der Seite (wie V. 940 od. 6669).

V. 4798 bis 4801 (von denen 4798—4800 eine Spalte schliessen, 4801 die folgende beginnt) ist wahrscheinlich durch Abirren des Schreibers von dem Reimwort *zit* in V. 4797 auf *zit* in 4801 ausgefallen. Das gleiche Versehen ist dem Schreiber noch einige Mal passiert: so verwechselt er *komen* in V. 9154 mit *komen* 9157 und liess infolge dessen V. 9155—9157 aus, *brach* 11036 mit *brach* 11039, *bûwen wider* 11938 mit *bûwen wider* 11942. In diesen beiden letzten Fällen merkte der Schreiber aber sein Versehen: die in direkten Anschluss an V. 11036 geschriebenen V. 11040. 11041 strich er wieder aus und stellte die richtige Folge her, bei V. 11938 liess er die bereits irrthümlich niedergeschriebene Hälfte von V. 11942 stehen und fügte daran den Schluss von V. 11938 *(und liesen gutlichin* = 11942, *bûwen wider* = 11938). Möglich auch, dass er den ganzen Vers herübernahm. Es bleiben somit nur zwei derartige Stellen übrig, V. 10360 (ein Vers am Ende einer Spalte in R) und V. 6365—6368. Diese letztere Stelle ist aber in R. selbst nicht ganz richtig überliefert. Soll sie einen guten Sinn geben, so müsste die Reihenfolge der Verse folgende sein: 6367 f. 6363—6366. 6369 f. So wie jetzt die Verse sich folgen, sind die in H ausgelassenen sehr gut zu entbehren. Es ist also gar nicht ausgeschlossen, dass dieselben in der Vorlage von H bereits gefehlt hätten. Jedenfalls aber lässt sich auf diese zwei Fälle die Hypothese der direkten Abhängigkeit nicht begründen.

c. Die Verbesserungen in H sind durchaus nicht so leichter Art, wie Meyer sie hinstellt, und vor allen Dingen, es

sind mehr, als M. angegeben. Insbesondere verdienen
diejenigen Beachtung, welche Namen betreffen, denn in
der Angabe von Namen ist für gewöhnlich der Schreiber
von H sehr unzuverlässig, er schreibt stets *Ersten* für
Eisten (976. 1133. 1175. 1276. 1318. 1359. 1397.), einigemal *Lyren* für *Liven* (143. 645), *Selben* für *Selen* oder
Selhen (V. 144), *Pelczcowe* für *Plescowe* (2140. 2195.
7712), *drabitte* für *Darbet* (Dorpat) 6609, *habilberg* für
Höberc 8321 u. a. Ich zähle im Folgenden die wichtigsten Verbesserungen auf, die H gegen R aufweist:

R liest:	H liest:
V. 212. *heiden was (: vurbaʒ)*	*heiden saʒ*
449. *mit pilgerîmen manche schar* (Unverständlich!)	*manch jâr.* Ich gebe die Citate nicht in der H eigentümlichen Orthographie, sondern im Anschluss an die von Meyer in s. Ausgabe beobachtete.
695. 696 *daz er nicht mêr mochte / und dem lande tochte*	*daz er nicht mêr mochte / und dem lande nicht tochte*
826. *zu des landes vil drâte*	*zu des landes nôt vil drâte*
901. *daz nie grôzer wart* (fehlt der Reim auf *vollenbrâcht* V. 902)	*daz nie grôzer wart bedâcht*
1305. *daz was ein verwâzet rât*	*daz was ein vil verwâzen rât*
1409. *leider selten daz geschiht* (: *nicht*)	*leider selden daz geschicht*
1805. *Alsen*	richtig *Nalsen*
1843. .... *sie den Eisten nâmen*	*den heiden nâmen.* Es ist nicht von Esthen die Rede, sondern von Litthauern.
1827. *von den von Eistenlande* (falsch)	richtig: *von Eyflande*
7825. *bischof Widerich*	*Frederich*
7848. [*daz mer*] *der grôzen burgen nicht erschrac*	*der grôzen horden nicht erschrac*
8372. *zu reisen wâren sie karc*	*zu reisen wâren sie nicht karc*
8487. *in immer wernder werden dort.* Pfeiffers Conjektur: *in immer wernder vreude dort* thut dem Text unnötbig Gewalt an.	richtig: *emmér werden dôrt*

R liest:	H liest:
V. 8577. sie vären vrölich in Düneschar	in die Düne gar
10270. ir sol der keiner nicht genesen	ir solde keiner nicht genesen
10401. ein bischof Rigeholme hiez	ein hof der Rigeholme hiez
10970. ein baz denne anderswâ	ein teil baz denne anderswâ
11279. der vende wart dâ sêre wunt	der venre wart dâ sêre wunt
11519. der kummentûr wart der vrô	der kummentûr wart der rede vrô.

Andererseits fällt aber auf, dass eine Anzahl in R verderbt überlieferter Verse in derselben Verderbnis in H wieder erscheint (V. 799. 1103. 1446. 7740.) und vor Allem, dass auch der interpolierte Vers*) 11647 in H sich findet. Eine Verwandtschaft beider Hss. ist also nicht in Abrede zu stellen, aber ob sie beide direkt aus derselben Hs. abgeschrieben sind, muss sehr fraglich erscheinen. Ich bin der Meinung, dass beide Hss. auf eine gemeinsame Vorlage im Grunde zurückzuführen sind, dass aber, entsprechend der jüngeren Entstehung von H, zwischen dieser und der Vorlage mehrere Mittelglieder und mehr als zwischen der Vorlage und R anzunehmen sind.

Es erübrigt noch, das Verhältnis der verlorenen Hs. Rv zu R und H zu besprechen. Dasselbe ist erörtert worden von Pabst (Bunges Archiv V, 50), Höhlbaum (Joh. Renners livl. Hist., S. 13 f.) und Berkholz (Mitth. XII, 150 ff.). Danach steht es fest, dass Renners Hs. mit keiner der uns erhaltenen identisch war, und dass sie H näher gestanden hat als der Rigaer Hs., dass aber auch sie schon entartete Lesarten gehabt habe. Dass sie älter gewesen sei als R, wie Höhlbaum vermutet, lässt sich nicht erweisen, ebenso wenig die Ableitung beider Hss. aus ihr.

Über die Zugehörigkeit des Textes des Fragmentes lässt sich gar nichts entscheiden. Meyer versucht es (Balt. Mon.), darzulegen, dass die Hs., der es entnommen, R nahe gestanden habe. Der Text ist uns aber in vollständig modernisierter

---

*) Vgl. S. 70 ff.

Gestalt überliefert, und wir wissen ja gar nicht, welchen Grad der Genauigkeit wir den Abschreibern zutrauen dürfen. Wollte man versuchen, auf Grund dieser unsicheren Ergebnisse ein Schema der Überlieferung zu entwerfen, so würde das vielleicht folgende Gestalt gewinnen:

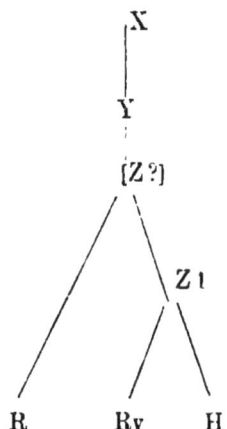

ohne eine andere Gruppierung ganz auszuschliessen.

c. Ausgaben, Übersetzungen, Literatur.

α. Ausgaben.

1. Der älteste Abdruck eines Stückes der livl. RChr. ist in den Symbolae ad Literaturam Teutonicam antiquiorem ex codicibus manu exaratis (Kopenhagen 1787) S. 439—444 unter der Überschrift „Rythmi de Transactione Stensbycnsi inter Waldemarum II regem Daniae & Hermannum Balcke Magistrum Provincialem ord. Teuton: in Prussia." Er umfasst V. 2039—2064 und V. 6715—6756 in Einem Stück. (Bei Goedeke Grdr. nicht erwähnt.)

2. Ein von G. v. Bergmann, dem Bruder des ersten Herausgebers der Reimchronik besorgter Abdruck enthält V. 1—456. Er befindet sich jetzt auf der Rigaer Stadtbibliothek im 10. Band der Brotzeschen Livonica. Davon sind wieder V. 120—224 abgedruckt bei v. Ditmar, Disquisitio de origine nominis Livoniae, Heidelberg 1816, S. 64—68.

3. Eine Probe von 108 V. ist von L. Bergmann abgedruckt in den Rigaer Stadtblättern 1812, S. 378—382, Art. 146 (V. 1269—1332) und S. 425—427, Art. 159 (V. 759—802). Das erste Stück (Art. 146) ist betitelt „Eine livländische Wundergeschichte. In Anmerkung dazu: Entlehnt aus des Commenthuren zu Reval Ditleb von Alnpeke im Jahr 1296 geschriebenen Reimchronik", das zweite (Art. 159): „Edle That eines Weibes, aus der ältesten livl. Geschichte entlehnt. In Anm.: Wie sie Alnpeke in seiner Chronik erzählt."

4. Die erste, bis auf die Lücke des Rigaer Codex vollständige Ausgabe ist die von L. Bergmann, erschienen 1817 in Riga unter dem Titel: „Fragment einer Urkunde der ältesten livländischen Geschichte in Versen, aus der Originalhandschrift zum Druck befördert von Dr. Liborius Bergmann" etc. Diese Ausgabe wurde nur in 107 Exemplaren gedruckt.

5. Das in der Bergmannschen Ausgabe fehlende Stück wurde 1844 gedruckt als „Ditleb von Alnpeke. Ergänzung des von Dr. Liborius Bergmann herausgegebenen Fragments (folgt Titel wie oben bis ,Versen') nach der Heidelberger Handschrift jener Reimchronik von Dr. C. E. v. Napiersky". Riga u. Leipzig 1844. Die „Ergänzung" ist ebenfalls nur in 107 Exemplaren gedruckt und für die Besitzer der Bergmannschen Ausgabe bestimmt.

6. „Livländische Reimchronik, herausgeg. v. Pfeiffer, Bibliothek des literar. Vereins," Stuttgart 1844. Pf. benutzte die Heidelberger Hs. nur für die ersten 1000 Verse der Chronik und für die Lücke in R, im Übrigen aber den Bergmannschen Abdruck (s. o. Nro. 4). Die Angabe bei Goedeke Grdr. 2. Aufl. I. 276 ist danach zu berichtigen.

7. Ebenfalls nach dem Bergmannschen Abdruck, für die Lücke aber nach der Ergänzung, ist die Ausgabe der Rchr. besorgt im 1. Band der Script. rer. Livonicarum, Riga u. Leipzig 1853. Die Benutzung der Rigaer Hs. war den Herausgebern (Kallmeyer und Napiersky) nicht gestattet, sogar jeder Einblick in dieselbe ihnen verwehrt. Die Vergleichung mit den Lesarten von H ermöglichte ein im Jahre 1844 erschienener

Abdruck der Varianten des Heidelberger Codex („Varianten zur Bergmannschen Ausgabe der Reimchronik Ditlebs von Alnpeke aus der Heidelberger oder Pfälzer Handschrift dieser Chronik"). Auch dieser Variantenabdruck erfolgte nur in 150, zur Verteilung an die Besitzer der Bergmannschen Ausgabe bestimmten Exemplaren.

S. Einzelne Partien der RChr., soweit sie preussische Geschichte betreffen, sind von Strehlke nach der Heidelberger Hs. zum Abdruck gebracht im 1. Band der Script. rer. Pruss., S. 625—645. Aufgenommen sind dort ff. Verse: 1847—1860. 1959—2016. 3543—3585. 3625—3654. 3723—4084. 4309—4404. 4437—4448. 4461—4536. 4730—4876. 4964—4972. 5511—5734. 5813—5848. 6951—7090. 7527—7566. 8072—8087. 8527—8620. 8761—8868. 9667—9800. 10329—10369. 10797—10898. 11648—11667.

9. Die letzte und bisher beste Ausgabe ist die von Leo Meyer, Paderborn 1876, erschienene: „Livl. R.-Chr. mit Anmerkungen, Namensverzeichniss und Glossar".

β. Übersetzungen.

1. Dem in den Rig. Stadtblättern abgedruckten Stücken (s. o. Nro. 3) gab Bergmann eine Übersetzung in nhd. Prosa bei.

2. Im „Inland", 1846, Beilage zu Nro. 25*), gab Heinrich Blindner (= C. H. v. Busse) eine gereimte Übersetzung im Metrum der Rchr. Dieselbe umfasst in 4 Abschnitten folg. Verse: 2705—2848. 2849—2960. 2961—3054. 3055—3120. Ebendaselbst in der Beilage zu Nro. 30 eine Übersetzung gleicher Art in 10 Abschnitten, die ff. Verse umfassen: 3121—3244. 3245—3350. 3351—3406. 3407—3450. 3451—3576. 3577—3608. 3609—3680. 3681—3724. 3725—3802. 3803—3840.

3. Eine gereimte Übersetzung ist die von E. Meyer 1848 in Reval erschienene. Der Titel derselben ist: „Die l. Rchr. von Dittlieb von Alnpcke in das Hochdeutsche übertragen."

---

*) Bei Winkelmann irrthümlich 1836, Beil. zu Nr. 23.

Eine zweite Ausgabe derselben wurde beabsichtigt, aber nicht ausgeführt.

4. In der Ausgabe der RChr. im 1. Band der Script. rer. Livon. ist dem Text eine Paraphrase in nhd. Prosa beigegeben, welche, wie die Herausgeber empfehlend bemerken (S. 501), „einer wörtlichen Übersetzung gleich zu stellen ist." Dieselbe entstammt der Feder Napierskys.

γ. Literatur.

Die L. ist bei Goedeke Grdr., 2. Aufl., S. 206, bei Weitem nicht erschöpfend angegeben, in wünschenswerter Fülle und Genauigkeit dagegen bei Winkelmann, Bibliotheca Livoniae historica, 2. Aufl., Berlin 1878. Nachzutragen bleibt hier nur der Aufsatz von Wachtsmuth*), „Quellen und Verfasser der livl. RChr." (Progr. des Gymn. zu Mitau, 1878. Rezension Hist. Zs. 43, 535.) und der von F. Bech, Germ. XXII, 39.

II. Über Sprache und Metrum der Reimchronik.
A. Vorbemerkung.
Das Deutsche in Livland.

Bevor auf die Darstellung der lautlichen Verhältnisse der Sprache der Rchr. eingegangen wird, muss die Frage erledigt werden, ob man die l. Rchr. als ein Denkmal des im 13. und 14. Jahrhundert in Livland gesprochenen Dialekts ansehen darf, wie dies z. B. Weinhold in seiner Mhd. Grammatik thut, oder ob man annehmen muss, dass der Dichter, unter dem Banner des Ordens nach Livland gekommen, seine Erlebnisse in diesem Lande in dem Dialekte seiner deutschen Heimat niedergeschrieben habe.

In Livland übte im 13. und 14. Jahrhundert der niederdeutsche Dialekt eine unbestrittene Herrschaft. Die Entdeckung

---

*) So und nicht Wachsmuth wie bei Goedeke Grdr.

des Landes war von Niederdeutschland aus erfolgt, die ersten Handelsbeziehungen, welche mit dem neu entdeckten Lande angeknüpft wurden, knüpften niederdeutsche Kaufleute, die Bremische Kirche nahm die Bekehrung der Eingeborenen in die Hand und gab der livländischen Tochterkirche die ersten Bischöfe. Im Gefolge beider und zu ihrem Schutze (und auch wohl eigenem Vorteil, vgl. R.-Chr. V. 617 f) zogen viele Ritter aus Norddeutschland nach Livland.

Heinrich der Lette, der eine Geschichte der ersten drei Bischöfe der livländischen Kirche schrieb, hat, wenn auch nicht ausführlich, darüber berichtet und die Namen der vornehmsten Kreuzfahrer, die sich meist auf ein Jahr verpflichteten, überliefert:

Aus dem Jahre 1198 berichtet er über eine Schlacht gegen die Liven, und hier nennt er die darin mitkämpfenden Deutschen schlechtweg Saxones: Armantur Saxonum*) acies ad pugnandum.

Aus dem Jahre 1200 nennt er als Kreuzfahrer comes Conradus de Tremonia (Dortmund) und Harbert de Jborch (Diöz. Osnabrück).

Aus 1203 erzählt er: Episcopus a Teutonia rediens viros nobiles Arnoldum de Meiendorp (ein Ort dieses Namens bei Magdeburg, ein zweiter in Holstein) Bernardum de Schehausen (urkundlich nachweisbar 1205 in S. bei Bremen, vgl. Mitth. XII, Heft I, S. 12. Er kehrte 1204 nach Deutschland zurück) cum pluribus honestis viris et militibus secum adducit.

1205. Episcopus . . . . . . cum omni militia peregrinorum honorifice susceptus est. Erat in eadem acie dux belli comes Heinricus de Stumpenhusen (jetzt Nienburg a. d. Weser), comes de Jsenborch (a. d. Ruhr) et alii tam de Westphalia quam de Saxonia quam plures, cum ceteris peregrinis.

1207. Episcopus . . . quaerendo peregrinantes milites perlustrata Saxonia Westphalia Frisia ad curiam Philippi pervenit. (Den Hof des Königs verlässt er übrigens, ohne die

---

*) So heisst es auch in der sächs. Weltchronik (Mon. Germ. Deutsche Chr. II, 252): *Bi des selven keiser Vriderikes tiden erhof sic du kristenheit to Prucen: bi sines vader keiser Heinrikes tiden ward Liflande kersten unde bedwungen van den Sassen.*

gesuchte Unterstützung gefunden zu haben) ..... Cum episcopo venit comes de Peremunt (Pyrmont) Gotschalkus et comes alius et alii quam plures peregrini. Dieser comes alius ist vielleicht Marquardus de Sladem. Einen Henricus de Sladem erwähnt Heinrich aus dem Jahre 1210 gelegentlich der Rückkehr desselben nach Deutschland. Ortschaften des Namens Sladen, Schladen giebt es mehrere in Deutschland, jedoch nur in Niedersachsen und Westphalen. Hier ist wohl das bei Hildesheim gelegene gemeint.

1209. Rodolphus de Jerichow (Altmark oder im Kreis Övelgönne an der Unterweser) et Woltherus de Hamersleve (westnordwestl. Oschersleben) erant in comitatu episcopi.

1211. Eines Eilhard von Dolen wird gedacht. Orte dieses Namens giebt es nicht mehr in Deutschland; Pabst vermutet, dass es im Lüneburgischen gelegen habe (vgl. Mitth. XII, Heft 1, S. 29). Weiter heisst es: Venerunt cum Episcopo tres episcopi: Philippus Raceburgensis, Jso Verdensis et Pathelbornensis episcopus, Helmoldus de Plesse (Burg Plesse bei Göttingen im Leinethal), Bernardus de Lippia et omnes nobiles et peregrini quam plures.

1215. Das von den Liven belagerte Riga wird durch den eben aus Deutschland kommenden Burchard comes de Aldenburg (in Wagrien) entsetzt.

1217. Comes Albertus de Lovenborch (Lauenburg) sumpta cruce cum militibus suis in Livoniam profectus est. Das ist derselbe Ritter, den die livl. R.-Chr. den *helt von Orlamunde* nennt.

1218. Episcopus statuit in vice sua decanum Halberstadensem, qui cum Heinrico Burewino, nobili viro de Wendlande et quibusdam aliis peregrinis abiit in Livoniam, annum peregrinationis suae completurus ibidem.

1219. Venerunt cum eo (episcopo) multi peregrini et nobiles. Quorum primus erat dux Saxoniae de Anhalt, Albertus, Rodolfus de Stotle (an der Weser) Burggravius et alii quam plures.

1221. Abeunte Comite Alberto de Dasle (in Hannover)

iterum rediit episcopus cum aliis peregrinis, inter quos erat Rodo de Hohenborch (wohl Homburg an der Unstrut*).
1222. Rex quoque Daniae cum comite Alberto [de Orlamunde] venit in Osiliam.
1224 endlich wird eines Johannes de Apeldern, eines Bruders des Bischofs Albert gedacht als eines miles praeclarus (Apeldern bei Bremerhaven). Dann heisst es: Episcopus . . . coepit castrum Odempe aedificare et locavit in eo viros nobiles et milites honestes, Engelbertum videlicet . . . de Tysenhusen et Theodericum fratrem suum et Helmoldum de Lunenborch. Die Abstammung der Tisenhausen ist mit Sicherheit nicht festzustellen, Gauhe (Adelslexikon) kennt das Geschlecht nur als livländisches; die Tisenhausen selbst suchten den Ursprung ihres Geschlechts im Schaumburgschen, Lieven (Mater. zu einer livl. Adelsgesch. in den Nord. Miscellan. 15. 16. 17. Stück, S. 145) giebt an, dass sie ein Zweig des Plesseschen Geschlechts gewesen seien. Beide Angaben würden gut zu einander passen. Diese Aufzählung kann durch einige Namen aus der R.-Chr. ergänzt werden:

V. 690 *von Sôsat ein huntgebur* ist Wigbert von Soest.

V. 1869 *von Haseldorf ein edilmann* (Haseldorf in Holstein).

V. 1871 *von Dannenberg ein grêve gût* (Dannenberg bei Hitzacker, Prov. Hannover).

V. 1647. 1685 *der grêve von Arnstein — daz was der besten ritter ein in Duringen und in Vranken* als Vertreter der mitteldeutschen Ritterschaft.

V. 1778: *Marquart von Burbach* (in Westfalen, südöstl. Siegen).

Man sieht aus dieser Zusammenstellung das bedeutende Überwiegen des niederdeutschen Elements, das fast ausschliesslich in Livland seine kriegerische Kraft bethätigt. Das Hervortreten der Niederdeutschen ist kein Spiel des Zufalls: die Bezirke der Kreuzpredigten für Livland und Preussen waren

---

*) Gauhe (Adelslexikon, S. 471) kennt ein Geschlecht namens Homburg auch in Braunschweig.

in der Zeit vor der Vereinigung beider Orden scharf gesondert und durch päbstliche Erlasse geregelt. So wurde durch die Bulle Innocenz III. vom Jahre 1199 (Innoc. Epist. II n. 191) die Kreuzpredigt für Livland in Sachsen, Westfalen, Holstein, Meklenburg angeordnet.

Man wird aus diesen Verhältnissen den Schluss ziehen dürfen, dass für die Zeit vor der Vereinigung des Schwertritterordens mit dem deutschen Orden die niederdeutsche Sprache die Umgangssprache in Livland gewesen ist. Urkunden in deutscher Sprache, welche dies bestätigen könnten, sind im Original aus dieser Periode nicht erhalten.

Durch die Vereinigung beider Orden im Jahre 1237 musste die Vorherrschaft des nd. Elements in der Ritterschaft insofern eine Einschränkung erfahren, als nun aus allen deutschen Landen, je nach Bedarf und je nach Lage der politischen Verhältnisse Streitkräfte nach Livland geschickt wurden (vgl. l. Rchr. V. 10828, wo Zuzug aus Schwaben erwähnt wird).

Änderten sich nun infolgedessen auch die sprachlichen Verhältnisse, etwa so, dass in den Städten, innerhalb der Bürgerschaft, sich das Nd. hielt, während sich unter den Rittern eine besondere Umgangssprache herausbildete?

Für die Städte ist der Gebrauch der nd. Sprache als sicher anzunehmen. Dafür spricht die Übernahme nd. Stadtrechte in die livländischen*) Städte, so des Hamburger Rechts nach Riga im Jahre 1270 (Ob dasselbe bereits in niederdtsch. Sprache abgefasst war, oder noch in lateinischer, ist allerdings fraglich. Das Original ist nicht erhalten; die älteste Abschrift (aus der Mitte des 14. Jahrhunderts) ist nd.), des Dortmunder Rechtes nach Memel (1254), in den meisten Fällen aber des Lübischen Rechtes. Die älteste, uns im Original erhaltene Urkunde ist der im Jahre 1282 auf Bitte des Königs von Dänemark und seiner Mutter Margarethe für Reval in nd. Sprache ausgefertigte Codex des Lübischen Rechtes (Original

---

*) Ich gebrauche diese Bezeichnung, wie die R.-Chr., in weiterem Sinne, Livland, Kurland und Esthland umfassend.

im Rathsarchiv zu Reval. L. U. B. I, R. 539. Gedruckt bei Bunge, Quellen d. Revaler Stadtrechts I, 40—71). Es folgt dann eine im Jahre 1293 erlassene Bauordnung für die Stadt Riga (L. U. B. I, Sp. 688) und später zahlreiche andere Urkunden, teils Satzungen von Gilden, Erkenntnisse des Raths, Rathsschreiben, Rathswillküren u. a. m.

Dagegen fehlen Originalurkunden in deutscher Sprache, welche von Ordensbeamten ausgestellt sind, im 13. Jahrhundert noch vollständig. Die erste derselben stammt aus dem Jahre 1323 und ist, wie sämtliche übrigen, vom Orden in Livland ausgehenden Urkunden, in nd. Sprache abgefasst. Hochdeutsch sind dagegen die livländischen Urkunden, bei deren Abfassung der Meister von Livland neben dem Hochmeister erscheint, wo also des letzteren Person im Vordergrund steht, wie z. B. die Verträge des Jagiello mit dem Hochmeister, die Kriegserklärung des Hochmeisters an Jagiello, eine Denkschrift des Hochmeisters über die Gründe zum Kriege mit diesem Fürsten, ferner ein Schreiben des Ordensmarschalls an den Landmarschall von Livland.

Ich gebe im Folgenden eine Zusammenstellung der Originalurkunden in niederdeutscher Sprache, soweit dieselben von Beamten des deutschen Ordens in Livland ausgestellt sind. Es genügt für meine Zwecke, wenn ich mich dabei auf das 14. Jahrhundert beschränke:

1. Reymar Hane, Comthur von Wenden, Hinrich Holtzete, Comthur von Dünamünde, Otto Bramhorn, Woldemar von Dolen, Hinrich von Parembeke, Helmold von Saghen urkunden über ein mit dem Bischof Dawida, dem borchgrêven Olfermegy, dem Herzog Awarine und den Leuten von Nowgorod abgeschlossenes Bündnis. 20. Januar 1323. (L. U. B. II, Sp. 137.)
2. Eberhard von Monheim, Ordensmeister in Livland, bestätigt die Rigischen Privilegien. 16. August 1330. (L. U. B. II, Sp. 262.)
3. Friedensschluss zwischen dem Deutschen Orden und dem Rigischen Rathe einerseits, und dem Könige von Litthauen

und den Städten Polozk und Witebsk andrerseits. (Gleichzeitige Abschrift, nicht Original selbst.) 1. Nov. 1338. (L. U. B. VI, Sp. 506.)
4. Burchard von Dreinleve, Hauptmann von Reval, transsumirt den Codex des lübischen Rechts v. J. 1257 für Reval. 1. Febr. 1347. (L. U. B. II, 423.)
5. Goswin von Herike, O. M. in Livland, befreit Riga von der jährlichen Zahlung von 100 Mk. 4. Mai 1348. (L. U. B. II, Sp. 440.)
6. Goswin von Herike, O. M., entscheidet einen Streit zwischen der Stadt Riga und den Liven. 29. Sept. 1349. (L. U. B. II, 451.)
7. Der Comthur von Fellin bittet den Rath von Reval um freies Geleit für einen Haquin bis St. Jürgenstag. 10. März 1370. (L. U. B. III, 247.)
8. Wilhelm von Vrimersheim, O. M., urkundet über die Abtretung eines Teils der Revaler Stadtmark an den D. O. 24. Juni 1371. (L. U. B. III, 262.)
9. Die zu Dorpat versammelten Sendboten der livländischen Landesherren und Städte verbieten die Einfuhr schlechter Münzen. 30. Juni 1374. (L. U. B. III, 288.) (Der Orden ist vertreten durch Arnold v. Herike, Comthur, Constantin, Hauskomthur zu Fellin, Robin, Vogt von Karkus.)
10. Der Vogt von Narwa bittet den Rath zu Reval, die Rücksendung eines dem Revalschen Bürger Ludeke Wilde verkauften Weibes zu veranlassen. Um 1375. (L. U. B. III, 306.)
11. Der livländische O. M. schreibt an den Bürgermeister zu Reval wegen eines von Riga ausgesegelten und von Seeräubern genommenen Schiffes. Um 1380. (L. U. B. III, 365.
12. Der Comthur zu Leal bittet den Rath zu Reval, dem Kloster zu Leal bei Erhebung einer Forderung in Reval behülflich zu sein. Um 1380. (L. U. B. III, 369.)
13. Der Vogt zu Narwa bestellt bei Hennecke Munte in Reval ein Schiffspfund Flachs. Um 1380. (L. U. B. III, 369.)

14. Der Meister des D. O. dankt dem Rath zu Reval für die bei der Belagerung von Hapsal geleistete Hilfe. 29. Jan. 1384. (L. U. B. III, 426.)
15. Der Hauskomthur von Wittensten legt Zeugnis ab über Erteilung einer Vollmacht in einer Erbschaftssache. 1385. (L. U. B. III, 452.)
16. Der Vogt von Wesenberg bittet den Rath von Reval, einen Volkwin zu vermögen, dass er die Wesenberger künftig nicht mehr beunruhige. Um 1385. (L. U. B. III, 461.)
17. Der Vogt zu Narwa schreibt an den Rath zu Reval wegen einer Forderung des Scherscheling an die Groteschen Kinder. 30. März 1386. (L. U. B. III, 465.)
18. Der O. M. schreibt an den Rath zu Reval in betreff eines mit den Nowgorodern in Narwa zu St. Georg zu haltenden Tages. 5. März 1388. (L. U. B. III, 550.)
19. Der O. M. schreibt an den Comthur von Reval in betreff der Münze und wegen des mit den Nowgorodern in Narwa zu haltenden Tages. 8. März 1388. (L. U. B. III, 551.)
20. Der O. M. schreibt an den Rath von Reval wegen einer Forderung des Möreke an Reymer. Um 1390. (L. U. B. III, 596.)
21. Schreiben des Comthurs zu Fellin an den Comthur zu Reval, betreffend die Misshandlung des Ritters Johann von Rosen in Moyan. Um 1380. (L. U. B. III, 599.)
22. Der Vogt von Jerwen bittet den Rath zu Reval, seine dortigen Gläubiger zur Zahlung anzuhalten. Um 1390. (L. U. B. III, 602.)
23. Schreiben des O. M. an den Rath zu Reval über den Preis des Silbers. Nov. 1390. (L. U. B. III, 602.)
24. Wenemar von Bruggenoy, O. M. in Livland, vergleicht den Bischof Johann von Reval mit dem Abt Johann von Padis. 13. Oct. 1393. (L. U. B. III, 732.)
25. Derselbe belehnt den Ritter E. von Boderke mit ausgedehnten Besitzungen in Harrien und Wierland. 24. Febr. 1394. (L. U. B. VI, 287.) Ob diese Urkunde Original, ist

fraglich (vgl. Reg. VI, 1633 a), vielleicht ist sie eine gleichzeitige Abschrift.

26. Der Comthur von Dünaburg schreibt an den Rigischen Rath wegen der gegen ihn erhobenen Beschuldigung, er habe den Kauffrieden gebrochen. 30. Jan. 1397. (L. U. B. VI, 297.)

Dadurch ist erwiesen, dass die Amtssprache des deutschen Ordens in Livland die niederdeutsche gewesen ist. Das hochdeutsche Element, das seit der Vereinigung beider Orden nach Livland kam, scheint also nicht stark genug gewesen zu sein, um eine Änderung in den bestehenden sprachlichen Verhältnissen durchsetzen zu können.*)

Wollte man die Sprache der livl. R.-Chr. dennoch für Livland in Anspruch nehmen, so müsste man das Vorhandensein einer besonderen Sprache annehmen, deren sich die Ritter im Verkehr untereinander bedienten. Dafür fehlt aber jegliches Zeugnis; ferner wäre mit Sicherheit anzunehmen, dass diese Verkehrssprache infolge der lebhaften Beziehungen, in welche Bürgerschaft und Ritterschaft z. B. auf den Kriegszügen traten, und unter dem Einfluss der amtlichen niederdeutschen Geschäftssprache wenigstens einige niederdeutsche Elemente in sich aufgenommen hätte. Das ist jedoch bei der Sprache der R.-Chr. nicht der Fall; mit Ausnahme des Wortes *hachelweve*,

---

*) Es ist gewiss kein Zufall oder der Ausfluss einer persönlichen Vorliebe des Dichters für die nd. Ritterschaft, wenn in der livl. R.-Chr. mit Ausnahme des einzigen Volmar von Bernhûsen (V. 10334, 10592) nur Thaten mittel- und niederdeutscher Ritter erzählt werden. Dieser Volmar ist aber nicht ursprünglich in Livland, sondern kam als Führer einer Gesandtschaft aus Preussen. — Innerhalb des 15. Jahrhunderts scheint von der Verteilung der oberdeutschen Ritter auf Preussen, der niederdtsch. auf Livland einmal abgewichen worden zu sein. Diese Praxis wurde aber wieder hergestellt durch einen vom O. M. Plettenberg erwirkten Capitelsbeschluss (1494) (Correspondenzbl. d. Gesamtvereins d. dtsch. Geschichtsund Alterthumsvereine Juli 1856, Nro. 11, 110/112 und Mitth. VIII, 511. Falsch ist es aber, wie es dort geschieht, die Thatsache, dass die meisten livländischen Adelsfamilien niederdtsch. Ursprungs sind, auf diesen Beschluss zurückzuführen).

das der Dichter als einen terminus technicus nicht gut ersetzen konnte oder wollte, findet sich kein rein niederdeutsches Wort in der Chronik, vielmehr steht, wie ich unten zeigen werde, die Sprache derselben dem Obd. weit näher als dem Nd. Und selbst dies eine Wort gebraucht der Dichter stets in der obd. Form.

In engem Zusammenhang mit dieser Frage steht die zweite, ob die l. R.-Chr. in Livland entstanden ist, oder ob nicht an eine Abfassung in Deutschland gedacht werden kann. Diese Möglichkeit ist bisher von keinem von allen denen, die über die l. Rchr. geschrieben haben, ins Auge gefasst worden. Für die Abfassung in Livland aber giebt es keinen zwingenden Grund, für die in Deutschland sprechen folgende:

1. Obwohl der Verfasser sich dauernd in Kurland aufgehalten hat, und kurländische Ereignisse, besonders die Kämpfe um Memel, mit der grössten Ausführlichkeit schildert, vergisst er bei der Beschreibung der Landeseinteilung merkwürdigerweise das Bisthum Kurland zu erwähnen. Das Bisthum Esthland, als unter dänischer Oberhoheit stehend, behandelt er besonders. Ausser diesem und dem Erzbisthum Riga (und dieses macht der Verfasser irrthümlich zum Bisthum), gab es in Livland 3 Bisthümer: Ösel, Dorpat und eben Kurland. Der Verfasser zählt nur die 2 ersten auf (V. 6670 ff).

2. Er verwechselt, trotz seines langen Aufenthalts in Kurland, das kurische mit dem frischen Haff beide mal, wo er es erwähnt (V. 3832. 3982).

3. Einige geographische Angaben sind derart, dass man die Vorstellung erhält, als ob der Vf. sich inmitten eines Zuhörerkreises dächte, bei dem er keine Kenntnis livländischer Geographie voraussetzt. Selbst allgemeiner bekannte geographische Begriffe erläutert er durch Zusätze:

1. Flüsse.

vgl. V. 139. *die Dûne ein wazzer ist genant*
des vluz gêet von Rûzenlant.

vgl. V. 8879. *die Dûne ein wazzer ist genant*
und ist manchem wol bekant
dâ ist die Rige bie gelegen
daz wizzen die dâ wonens pflegen.

Ebenso 1433. 2133. 8136. 9273. 9927. 11881.

2. Städte in Russland.

vgl. V. 2100. Von *Plezcowe* (Pskow heute):
eine stat ist sô genant
die liet in Rûzen lant.

2178. *eine stat in Rûzen lande ist*
Nogarden ist sie genant

7707. *[Jseburc].... die burc hôrte den Rûzen zû.*

3. Städte in Livland.

vgl. V. 9110. *zu Goldingen was der rât*
die burc in Kûrlande stât (vgl. 233. 2409).

9227. *Wenden ist ein burc genant*
und ist in Letten lant gelegen
dâ die vrowen rîtens pflegen
nâch den siten als die man.

6663. *Darbet ist ûch vil genant*
Nû wil ich machen ûch bekant
mit mîner rede in kurtzer vrist
wô die stat gelegen ist.

6925. *daz her zu Dûnamunde quam....*
ein clôster ist alsô genant
und liet ûf des meres strant.

Ebenso 2463. 5029. 5789. 7405. 9441. 11868.

Ganz besonders weise ich an dieser Stelle auf die Landbeschreibung V. 6670 ff hin:
nû wil ich tûn ûch bekant
von dem lant in kurtzer vrist
wie daz underscheiden ist,

und besonders auf den Schluss derselben
V. 6673. *nû ist ûch ein teil bekant*
wie geteilet sint die lant.

1. Landschaften in Livland.
vgl. V. 7821.   *die Wic die ist bie dem mere gelegen*
   daz wizzen die dâ wonens pflegen.
3. Örtliche Verhältnisse in Riga.
vgl. V. 8899.   *der hof* (zu St. Georg) *ist in der stat gelegen*
   dâ die brûdere wonens pflegen.
10233.   *alsô was ein hof genant*
   und ist zu Rige wol bekant
   daz er der brûdere marstal hiez.
10911.   *. . . . . . der sant*
   ein velt zu Rige ist sô genant.
4. Der Verfasser verwendet den Namen *Nieflant* in weiterem Sinne, d. h. er versteht darunter Livland, Esthland, Kurland und Ösel. Er hat von vornherein den Plan, zu schildern, *wie der cristentûm ist komen zû Nieflant*, schildert aber speziell, wie oben bemerkt, kurländische Ereignisse. Diese Art der Benennung charakterisiert er aber V. 8923 als ausserhalb Livlands gebräuchlich:
   Kûren unde Nieflant
   die sint uber ein genant
   in vremden landen, daz ist wâr.
   wer mochte daz geschriben gar
   wie ieclich gegende ist genant?
   Man heizet ez allez Nieflant.
Für einen livländischen Zuhörerkreis wäre diese Bemerkung schwerlich angebracht.
5. Der Verfasser verweist auf Livland so, dass man ihn sich nicht als dort anwesend denken kann:
so V. 1781   *in lobet dâ noch vil manich man*
   1969   *die cristen wurden alle*
   dâ zu Nieflande unvrô.
   8077   *ez hatte in Nieflande*
   im wol gegân zu hande
   er was gewesen, daz ist wâr
   meister dâ drittehalbez jâr.

vgl. V. 2710 *waz wunders dâ zu Nieflant geschehen ist* . . . . .

Ferner weise ich darauf hin, dass die Verba der Bewegung *rîten, reisen, varn, senden* stets mit der Wendung *hin zu Nieflande* verbunden werden, so dass auch hier der Anschein erweckt wird, als befände sich der Vf. nicht dort. Nun ist allerdings die Freiheit des Sprachgebrauchs hier eine so grosse, dass man mit absoluter Sicherheit daraus auf nichts schliessen kann. Beachtenswert ist aber immerhin, dass der Dichter, wo er wirklich in Livland befindliche Personen sprechen lässt, stets *hie* oder *her* sagt, sonst aber nie: vgl. V. 545: Bischof Bertolt spricht: *wir sîn durch got von himele hie*, Bischof Albrecht: V. 820 *ir sît her in diz lant . . . komen*, 827 ff. *ich . . . wil holen pilgerîme mê denne ir ie her wurde brâcht*; Volkwin 1369 *ir hôrt wol wie ez hie stât*, 1882: *wir sîn durch got ouch hie*; die Pilger 1878: *darumme sie wir her komen*; der Ordensmeister 3261: *wan uns got hat her gesant*.

6. Der Gebrauch der Marienrechnung (das Jahr 1278 ist als Marienjahr zu verstehen, V. 8501), die in Livland nicht gebräuchlich war (vgl. Rathlef, Bemerkungen zur Chronologie der livl. Ordensmeister im XIII. Jahrhundert und über den angebl. Gebrauch d. Marienrechnung Mitth. XII, S. 254), wohl aber in vielen Gegenden Deutschlands.

7. Der Reim *zît: geleit.* V. 11551. Darüber ausführlicher S. 35 unter *î* und S. 49.

B. Die Sprache der livländischen R.-Chr.

Vorbemerkung.

Die Heimat des Schreibers ist mit Sicherheit nicht festzustellen, nur soviel lässt sich sagen, dass sein Dialekt entweder ein niederdeutscher gewesen ist, oder doch dem Nd. näher gestanden hat, als der Dialekt des Dichters.

I. Lautlehre.
1. Vokale.
a. Kurze Vokale.
a.

1. Der Senkung des *a* zu *o* in den Worten *sol, wol, von, holen, gewon, wonen*, welcher das Md. abgeneigt ist (Wb. § 30), folgt auch die Sprache der 1. Rchr. *sol* ist 61 mal im Reime zu belegen gegen ein einziges *sal* (: *al* 4807). Innerhalb des Verses hält *sal sol* ungefähr die Wage; *wol : vol* (391. 471. 2485. 2725. 4997. 6313 u. ö.) : *zol* 2699. 4027. 5705. Der Reim *aldô van : man*, V. 9950, beruht sicher auf einem Versehen des Schreibers für *al rō dan*, wie eine Vergleichung mit den ganz entsprechenden Versen 577. 1721. 1796. 2496. 3267. 3279. 3508. 8594. 9063. 11826 ergiebt. Für *holen wonen* giebt es nur Belege innerhalb des Verses: *wonen* 6676. 7822. 8882 u. ö. *gewonheit* 1041. 8603. *holen* 828.

2. *a* für *u* in *Barwin* 1417 (= *Burewinus* bei Heinrich von Lettland), für *o* in *Nogarden* 2179. 2203. = *Nowgorod*.

3. Dehnung des *a* zu *â* beweist *namen : âmen* 8509, von dem Dichter als klingender Reim gebraucht.

4. Zu *e* erscheint *a* geschwächt in *wande* weil, *wan* bis und *swanne* so oft als, die alle in der Einen Form *wen* zusammenfallen. Daneben besteht allerdings auch *wan wanne* (563. 5587. 2364. 4115 u. ö.), im Reim: *Anne : wanne* 4283.

e.

1. Für mhd. *i* erscheint *e* in *brenge* 1877. *dele* 10023. *wenken* 9277. *blenken* 8341. *erbeben* (: *getriben!*) 5384. Der zuletzt angeführte Reim weist darauf hin, dass diese Abneigung gegen *i* dem Dialekt des Dichters nicht eigenthümlich ist; im Reim ist denn auch *e* für *i* nicht nachzuweisen.

2. In der 1. Person sing. ind. praes. der st. Verba der 3. und 5. Klasse tritt *e* für *i* ein: *ich werde* 3412. *jô sehe ich* 4661. *ich gebe* 421. 423. *ich bevele* 4516. Das im Md. häufige Eindringen des *e* auch in die 2. P. und 3. P. sing. ind. praes. begegnet in der Rchr. nirgends. Auch der analoge

Fall, dass bei den st. V. der 2. Klasse in den oben angeführten Formen *ie* für *iu* einträte, ist nicht zu konstatieren, vielmehr beweist der Reim *züge* (dat. sing. von mhd. *ziuc* Rüstung): *enlüge* (1. P. sing. ind. praes.) das Beibehalten des *iu* (V. 3883).

3. Unter der Einwirkung eines folgenden *r* verdunkelt sich *e* in *a wart (= versus): gespart* 3517, : *vart* 427. 3942. (Daneben *wert : pfert* 2125.)

4. Mit vorausgehendem *w* verschmilzt *e* zu *o* in *komen*. Die Rchr. verwendet im Gegensatz zu dem Md. im allgemeinen, welches hier *u* bevorzugt, stets diese Form.

5. Epenthetisches *e* erscheint in *mêre* (Adv. zu Comp. *mê*) : *sêre* 2581 : *lêre* 7955. 11638 : *êre* 8147. 10679, enthetisches in den Namen *Volkewîn* 738. 831 u. ö. *Manegolt* 9689. *Siverith* 7857. *Westevâlen* 9350.

i.

Die im Md. beliebte Brechung des *i* zu *e* kennt die Rchr. nicht. Formen wie *vrede = vride, geleden = geliten, gesneden = gesniten* sind sowohl dem Dichter als dem Schreiber fremd.

i steht für mhd. *e* im Transitiv *brinnen* 4709, häufig im Präfix *er: irlôst* 39. *irhaben* 1851. *irwelt* 2080. *irlac* 9311. *irgangen* 10714 u. ö., ferner in unbetonten Endsilben: *allir* 125. *ubir* 161. *undir* 2048. *abir* 2066; *gewaldis* 421. *edil* 1869, bei weitem aber nicht in dem Umfang, wie z. B. bei Nicolaus von Jeroschin.

Gedehnt ist *i* zu *î* in *Volkwîn, Barwîn* (748. 831 u. ö. 1417).

Einigemal erscheint infolge Versehens oder Unsicherheit des Schreibers *ie* für *i*: *spielten* 1231. *hielf* 1297. *lieden* (3. Pers. pl. opt. praet.) 1356. *rieten* (3. Pers. pl. ind. praet. von *rîten*) 11024, dagegen *i* für *ie*: *intpfingen* 2012.

o.

o für mhd. *e: wollen* (3. Pers. pl. ind. praes.) 976. 4483, *wolle wir* 4145; für mhd. *u: mogen* 363. *son* 419. *konigin* 446. *endorfte* 4630. *vor* 6186; im Reim *dromen (: komen)* 11262. *solt* (2. Pers. pl. ind. praes.) : *holt* 11664. *kor : vor* 2446.

Eine Störung des Ablautsverhältnisses tritt auf bei den ablautenden Verben der 2. und 3. Klasse:

1. Der Vokal des Plurals praet. ist in den Singular übergetreten: *wurde* (3. Pers. sing. ind. praet.) 829, vielleicht auch 11815, wo aber nicht ausgeschlossen bleibt, dass opt. vorliegt.
2. Der Vokal des Singulars (oder besser des Part. Prät.) ist in den Plural des Präteritums übergetreten: *boten* (3. Pers. pl. ind. praet.) zu *bieten* 2154. *vlohen* (die gleiche Form zu *vliehen*) 1542. 5157. 5205. 7062 u. ö., daneben auch *vluhen* 1837. 1937; dieselbe Form von *gebieten geboten* V. 3271, von *kiesen koren* 4348. 7546, von *verliesen verloren* 7009 (*verluren* 7501), *verlorn : irkorn* 11501. Nic findet sich aber diese Störung bei ablautenden Verben der 2. Kl., deren Stamm auf ȝ ausgeht: stets *guȝȝen* 7908. *schuȝȝen* 8705. *genuȝȝen* 8706 u. s. w.
3. Der Vokal des Plur. Prät. geht in das Part. Prät. über: *gewurfen* 3901. *vergulden* (von vergelten) 8283, häufig ist *wurden* für *worden* (5016. 6065. 7593. 8260. 10773).

Im Reim ist ein solches Ausweichen des Vokals nicht nachzuweisen: *worden : orden* 2153. 4095. *verbolgen : volgen* 4148. *verlure : vure* 2021. 8237. Einmal hat R die Schreibung *wurden* im Reim : *orden,* also offenbar ein Versehen des Schreibers (V. 7205). Dem Dialekt des Schreibers werden auch die übrigen Fälle dieser Art zuzuschreiben sein, dem Dichter sind sie nicht eigenthümlich.

u.

u für mhd. *o* in *entwurchten* 1151. *durfe* 1283. *vurchten* 1401. *urs* 7914. 7917 u. ö., *uffen* 10237.

für *ie: ummer* = *iemer* 6389, für *e* in *hulfe* 7146.

β. Lange Vokale.

â.

Infolge einer Art Rückumlaut (vgl. Paul, Mhd. Gr., § 169, 2) erscheint *â* für mhd. *ê* in den Präteritalformen der Vb. *kéren* und *léren : bekârte* 96. *gelârt : bekârt* 6381. *kârten* 7284. 7285. 7354. Daneben V. 63 *lêrten : bekêrten.* Für den Dialekt des Dichters Zeugnis ablegende Reime fehlen.

á wechselt mit *ó* infolge der Unachtsamkeit des Schreibers in den Wörtchen *dô* und *dâ*. So steht *dâ* für *dô* 1295. 1647. 1733. 1854. 1872. 2331. *dô* für *dâ* 497. 617. 1935. Der Dichter scheidet beide streng von einander: *dô* : *vrô* 179. 187. 197. 409. 417. 556. 803. 1680 u. ö. : *sô* 1497. : *hô* 5747; *dâ* : *gâ* 3619. : *nâ* 3865.

ê.

ê ist einigemal durch Doppelschreibung vom Schreiber wiedergegeben: *see* 307. 491. 838, mit falscher Einfügung eines *h*: *sehe* 6156.

i.

i und *ie* lässt der Schreiber als Bezeichnung der Länge wechseln: *bie* 46. *Nieflant* 123 (aber stets *Liven*). *liep* 164. *vrielich* 181. *liet* = *lit* (< *ligit*) 224. *wiesten* (3. pers. pl. praet. *wîsen*) 2343. *nietlichen* 5720. Entsprechend setzt er *î* für *ie*: *wilde* (von *waldan*) : *hilde* 7966. *schîden* 8154. *schîre* 8222. *hîr* 9288. *brîve* 3912. Im Reim erscheint nie *î* und *ie* gebunden, der Dichter muss also beide Laute unterschieden haben. Zu *e* geschwächt ist *i* in *besîten* 2472. 7441, *bezîten* 5739. In dem Reime *zît* : *geleit* (V. 11551) sehe ich den Beweis einer frühen Diphthongisierung des alten Vokals. Als unreinen Reim kann man diesen nicht ansehen, da der Dichter zwar unbedenklich *a* und *â*, *e* und *ê* u. s. w. reimt, aber sich sonst kein vokalisch ungenauer Reim in dem ganzen Werke findet.

ô.

Analog der obd. Form *kômen* = *quâmen* ist gebildet *vernômen* = *vernâmen* 7026.

ô steht für 1) mhd. *ou*: *hôbet* 588. *lôkente* 9257, für lateinisch *au* in dem Namen *Kôpe* (= *Kaupo* bei Heinr. d. L.), V. 269. 280. 310. Das ist wohl nur eine Eigenthümlichkeit des Schreibers (vgl. Wh., § 112).

2. für md. *û* = mhd. *üe* in *sône* (die Sühne) : *Mône* 1441. Vgl. Wh., § 141, S. 138, wo Reime gleicher Art, die sich bei Frauenlob finden, aufgezählt sind.

û.

Abgesehen von der Funktion, die *û* auch im Mhd. hat, ist *û* in dem Dialekt der Rchr. Vertreter 1) des mhd. Diphthongen *uo*: *geschûf, bûch* 12. *mûz* 20. *irstûnt* 51 u. ö.
2) Vertreter des Umlauts desselben im Mhd., *üe*: *müde* 1350. *küne* 1438. *vügete* 2018. *gemüte* 5501. Beide *û* reimen: *gûte* (= dat. sing. *bonum*): *gemûte* 130; sicher nur dies eine Mal, vielleicht auch noch in *hûte vri*: *mûde bi* 1513 als Doppelreim?
3) des mhd. *iu*. Diesen Laut bezeichne ich mit *ū*. *ūch* 19. *tūvel* 73. *lūte* 77. *bedūten* 124. *dūtsch* 255. *vrūnde* 546. Dieses *ū* reimt auf mhd. *û: bûwen : berūwen* 5479. 8255. *gebûwet : berūwet* 3817. 3745. *getrûwen : berūwen* 8187. *getrūwen : rūwen* (dat. plur. v. mhd. *riuwe*) 4365. *kummentûre : stūre* 7183.

Der Dichter bindet jedoch nicht*) md. *û* (= mhd. *û*) mit md. *ü* (= mhd. *uo*), ebenso wenig md. *û* (= mhd. *uo*, *üe*) mit md. *ū* (= mhd. *iu*).

γ. Diphtonge.

ei.

Für *ei* ist öfters, besonders vor *n*, *ey* geschrieben: *Meynhart* 233. 274. *Heynrich* 2301, natürlich nur eine Eigenheit des Schreibers.

e für *ei* vor *n* in *alenzeln* 4851. 5831. 8386 ist wohl kaum dem Dialekt des Dichters zuzumessen (vgl. oben, *ô* für *ou*).

ie.

ie ist oft für *î* geschrieben: *rieten* = *rîten* (inf.) 10246. *ies* = *îs* 7847. *liebes* 10049 (von *lîp*) u. ö.; daraus entstehen weiter Versehen des Schreibers, der selbst für *î ie* schreibt: *vienden* = *vinden* (inf.) 8168. 8940. 10338. *rieten* (3. pers. plur. ind. praet. von *rîten*) 11024. *diesen* = *disen* (Demonstr.) 962. Für mhd. *e* erscheint *ie* in *diekein* 547. 4901.

---

*) Mit Ausnahme von Reimen wie *nà : zà* 1812. 2729. 5076. 5268. 10870. *nà : vrà* 2340. *nà : tà[n]* 2558, die sich leicht durch die Nebenform *nuo* erklären.

iu. uo.

iu und *uo* werden durch *ū*, *û* vertreten.

ou.

ou steht für mhd. *ô* in *vlouch* 11980 (vgl. oben *ó* für mhd. *ou*. Man sieht daraus die Unsicherheit des Schreibers in der Wiedergabe dieser Laute).

2. Besondere Bemerkungen.

Der Umlaut.

a. Das Eintreten oder das Ausbleiben des Umlauts ist nicht streng geregelt; muta + liq. oder Gutturalverbindungen hindern nicht immer den Eintritt desselben: *eldesten* 2395, *herteclich* 2509. 2519. *eldern* 6408. *geweldeclichen* 7798. *henden* 8133, 4131 und stets innerhalb des Verses; *wechset* 6705. Daneben *hande* (plur.): *lande* 3060. 3208. 4287. 7278: *brande* 3999, *handen* (dat. plur.): *landen* 8354 und stets ohne Umlaut im Reim, *gewaldeclich* 1447. 2221. 6244. *hochvarte* (gen. sg.) 4650. *entwanken* (:*planken*) 8723. *swachen* (:*sachen*) 6409.

Ohne Berechtigung steht der U. in dem Comp. des Adv. *lange*: *lenger* 7894. 8261 und immer. Der U. fehlt dagegen im nom. sg. adj. in *vaste* 7850, im acc. sg. *vaste* 8213, und im nom. sg. *vast* (:*gast*) 1659.

Der Umlaut erscheint auch in den suffixlosen Präteritis langstämmiger Verba: *sterkten* 4196, *setzte* 4372, *sprenkten* 7877. Daneben stehen Präterita mit Suffix und ohne Umlaut: *schankete* 8903, *wackete* 8963.

Modale Bedeutung hat der U. im Präteritum der langstämmigen Zeitworte der 1. schwachen Conjugation. In den verkürzten (zweisilbigen) Formen der Verba mit *a* in der Stammsilbe hat der Indikativ *a*, der Optativ *e*: 3872 ff: *ir wiste in gebôt, daz sie die tôten brenten und von hinnen senten* 5872 ff: *den rât sie gâben ime sân, daz er eine herevart besente*, 7863 ff: *sie manten ir volc, daz sichz stelte sô . . . .* 10791 ff:

der brûdere botschaft was alsô daz man brûdere dar sente, 11558 ff.
sie liezen (scil. Leute) *damite gâhen, daz man Sidobre brente .....*
11910 f: *man hiez helde, daz sie die ersten renten an.*
Das *e* des Umlauts ist zu *i* erhöht in *brinnen* (transit.):
hinnen 4709 (Wh. § 59), unter gleichzeitiger Umstellung zu *u*
verdumpft in *burnen* (transit.) 4240. *burne* (opt.) 4700.

o. Der Umlaut des *o* ist nirgends ausgedrückt durch die Schrift, auch fehlen Reime, die einen Schluss auf das Vorhandensein desselben gestatten, vollständig.

u. Der Unterschied zwischen umgelautetem und nicht umgelautetem *u* scheint von dem Dichter nicht stark empfunden worden zu sein. Der Umlaut wird nirgends in der Schrift wiedergegeben. Es reimt *kunden* (inf.) : *vründen* 8495. *gebunden*: *gunden* (Opt.) 2921.

â. Der Umlaut des *â* ist *é* : *sêlde wêren grêve jêmerlichen genêdecliche* u. s. w.

Das Umlauts-*é* reimt auf echtes *é* : *kéren* : *méren* (dat. plur. *daz maere*) 2845 : *wéren* (opt. praet. zu *wesen*) 3827 *Oseléve*: *sére* 6205.

Verhinderung des Umlauts durch liq. + muta in *unsâlde* 2074. Ohne ersichtlichen Grund fehlt der Umlaut in *gâben* (opt. praet.) 5585. Einigemal bleibt der U. aus in dem Adj. *swâr* (: *wâr* 4131 : *hâr* 6508), dagegen erscheint er ohne Berechtigung im Adv. *stête* 813. Als Vertreter des Umlauts *é* erscheint einigemal *ei* : *versmeit* = *versmâhet* 6571. *leit* = *lâzit* 6763. (Wh. § 95, S. 89.)

ô. Umlaut des *ô* ist nicht bezeichnet: *bôse* 69. 667. 1555. Belege im Reim fehlen.

û. Wie bei *u*, so wird auch hier Umlaut und nicht umgelauteter Vokal nicht scharf unterschieden. Bezeichnet wird der Umlaut nicht. Es reimt *gûte* (dat. sg. neutr.) : *gemûte* (= *gemüete*) V. 130.

ou. Der Umlaut ist *eu* : *vreude* (subst.) 413. *vreute* (praet.) 3933. Im Reim ist aber *eu* nie zu belegen.

3. Consonanten.

a. Labiale.

b.

Die Lautverbindung *mb* ist meist zu *mm* geworden: *alumme* 4277. *krumme* 4278. *amt* 1284 u. ö.

Für mhd. *p* steht *b* in *blancke* 8234. *bermit* 2712; *p* und *b* wechseln in den Worten *brúsche* und *prúse* : *brúsche* 2856. 4220. *prúse* 4390. 11216.

b > *p* vor *t* in *houpt* 1001.

Als Vertreter eines inlautenden *w* erscheint *b* im Auslaut: *hieb* 4054. 4057. 8395.

w.

w wechselt mit *b* in dem Stadtnamen *Elbing* : *Elbinge* 8770. *Elwinge* 8608. 10851. (Vgl. dazu den Reim *Liven* : *wiben* V. 1147 und ähnl. S. 57.)

w steht für *g* in dem Namen *Rûwe*. *Der herre von Rûwen* (V. 9541. 9619. 9627. 9633) ist *Wizlaw II. von Rügen* (Script. rev. Pruss. I, 148 Anm.); für *j* in *mûwete* 4138.

p.

Germ. *p* ist stets verschoben. Im Anlaut und Inlaut ohne Ausnahme, im Auslaut bildet *kop* V. 675 die einzige Ausnahme (dagegen *kopf* 6957). Hier wird also dem Schreiber etwas von seinem eigenen Dialekt aus der Feder gelaufen sein.

Für mhd. *b* steht *p*, wie häufig im Md. vor dumpfen Vokalen, in *pusche* 7266. 1308. Ferner tritt *p* für *b* stets nach der Vorsilbe *en-* oder *ent-* ein: *enpietet* 4541. *enpranten* 5943. *entprant* 5951. *enpar* 7086. *enpôt* 7678. 9749. *enpor* 8689. *enpran* 8718.

Im Wortauslaut tritt nicht immer die *tenuis* ein für die *med.*: *lob* 58. *loup* 30. *liep* 164. *lieb* 243. *lip* 356. *treib* 483. *starb* 484. *gab* 729. *grab* 730; selbst vor gleichem Anlaut des folgenden Wortes herrscht Schwanken: *bleib vil* 734. *bleip vrie* 796; ebenso im Silbenauslaut *apgote* 1277. *lieblich* 1075. *lieplich* 1984.

β. Dentale.

d.

1. Die alte med. *d* ist durchaus zu *t* verschoben; Ausnahmen bilden nur die Consonantenverbindungen *ld*: *gewaldes* 72. *wolden* 131. *selden* 360. *manichvalden* 4316. *hielden* 1044. *engelden* 4009; *rd*: *vierde* 5680. *werde* 921; bei *nd* ist das Verhältnis dasselbe wie gemeinmhd. : *senden hande*, aber *sente* (opt. praet.) *wante* (= wendete u. s. w.) Ferner findet sich *d* für *t* im Inlaut in *toden* 733. 1312 (= *mortuis*), aber *tóten* 3882. 2248; *redeten* (= *servabant*) ist wohl nur eine falsche Auflösung von *retten* = *retteten* und dem Schreiber zur Last zu legen (V. 9016).

2. Die med. *d* ist zur *ten.* verschoben in der Lautverbindung *dw*: *twungen* 1410. *twinget* 2440. *twange* 4852. *twanc* 6076. 6871. 11491 u. ö. Das Md. bewahrt hier *d*, das Obd. liebt die Verschiebung.

3. Im Auslaut tritt an die Stelle der med. durchaus die tenuis: *sant* 30. *munt* 26. *holt* 239. *walt* 345. *leit* 808.

4. Während die md. Dialekte den grammatischen Wechsel *d — t* in der Regel nicht eintreten lassen, fehlt derselbe in der l. Rchr. durchgängig nur bei dem Vb. *liden*: so *liden* 570. 1356. 1604. 2118. 4508, auch im Reim *lide* (3. Pers. sg. opt. praet.) : *vride* 4549. Regelmässig tritt der gr. W. ein bei *sniden* : *undersniten* : *siten* 4191. 9225.

t.

Im Anlaut erscheint *t* nie unverschoben; im Inlaut in *blûten* opfern, das sonst nur ahd. belegt ist (vgl. *Graff III*, 260, *pluozzan*) und dem damit zusammenhängenden *blûtekirl* (Priester) 4680. 4682. Im Auslaut erscheint unverschobenes *t* in *kurt* (: *geburt*) 429, eine Form, die md. nicht selten, und vereinzelt auch obd. vorkommt.

Für mhd. *d* begegnet *t* in *tûmherre* 6625. 6642, in *verterben* 4282. *megete* 4717. Epenthetisches *t* ist häufig: *niemant* 19. *iemant* 1159. *itzund* 4062. *allenthalben* 4815. *irenthalben* 6376. *von sinenthalben* 5809; ferner in *jâmerleist* 1605 (= *jâmersane*, *jâmerleis*).

t fällt ab in *wiel* (= 3. Pers. sing. ind. praet. von *waldan*): *geviel* 5860.

s.

Der Schreiber schreibt fast stets (Ausnahmen nur V. 285. 286. 8516 *Rûzen* : *strûzen*, *grôzer*) *s* für $z = \zeta$, *ss* für $\zeta\zeta$. Dem Dialekt des Dichters gehört diese Eigenheit nicht an; die Reime sind durchgängig rein mit Ausnahme von *vurbaz* : *was* V. 211, der durch ein Versehen des Schreibers (für *saz*) zu erklären ist. In H richtig *vurbas* : *sas*. Über *bûste* (V. 9601) s. S. 48.

z.

z steht für *ts* : *selzên* 347. 11940.

Nach *l* und *r* wird für z sehr gern *tz* geschrieben: *kurtz* 4. *kurtzelich* 377. *stoltz* 1189. *holtz* 4480. *boltz* 1706. *swartz* 2013. *ertzebischof* 4567. Umgekehrt steht für *tz* z in *achzên* 7692. *achzic* 7653.

γ. Gutturale.

h.

Auslautend *h* wird *ch* geschrieben und von diesem in der Aussprache nicht geschieden. Beide *h* reimen: *gemach* : *geschach* 215. *sach* : *sprach* 1295. *geschach* : *sprach* 2041. *bach* : *geschach* 1103. *brach* : *sach* 2949 : *geschach* 5225. Auch vor *t* wird *h* durch *ch* wiedergegeben: *mochte* 6389. *macht* 8247. *nacht* 8248.

h schwindet im Anlaut in dem titularen *her* : *er* 7871. 8297. 8311. 10174. 10175 u. ö., ferner im Inlaut zwischen Vokalen und nach *l*: *gewîet* 427. *geschiet* 906. *zêenden* 1397. *geschên* (: *gesehen*) 1432. *hôr* = *hôher* 3881. *hôeste* 4007; *bevele* (3. Pers. sing. opt. praes.) 8569. *bevolen* 4198. 11243. Daraus entsteht eine Unsicherheit des Schreibers, infolge deren er *h* auch da einschiebt, wo es gar nicht hingehört : *sehe* = *sê* 6156. *gehn* 6269. *sêhen* (säen) 11346. Im Auslaut kann *h* nach langen Vokalen abfallen: *nâ* 2134 (: *dâ* 3865). *hernâ* 2279. *hô* 4890. Es kann aber auch zu *ch* werden: *gâch* 665. *Salzâch* 1972. *vlôch* 2390; *gâch* : *nâch* 6077. Das gleiche Verhältnis hat nach *l* statt: *beval* 5423. 9772. *beralch* 8153.

— 43 —

g.

Im Auslaut wird *g* nicht konsequent durch die ten. ersetzt: *tac* 207. *pflac* 208. *gienc* 209. *berc* (: *werc*) 217. *burc* 219; daneben *konig* 653. *krig* 1881. *tag* 453. *pflag* 454 u. ö.

Ein Übergreifen des grammatischen Wechsels *h—g* über sein eigentliches Gebiet liegt vor in dem Infinitiv *verzigen*: *ligen* 8262, wenn hier nicht ein Versehen des Schreibers vorliegt und statt *wil — verzigen* nicht zu lesen ist *hât — verzigen* (oder *die heiden hânt sich min verzigen?*) Der Inf. *verzigen* wäre nicht unerhört. Gleiche Formen sind auch sonst belegt (vgl. Wh. § 224) : Nic. v. Jeroschin *vorziginde* : *liginde* 17643, Cod. dipl. Sax. II, 2, 1. *vorczygin*. Auch in *vliehen* ist in der Rchr. der gram. Wechsel erhalten: *gevlogen* part. praet. 3336. *vlogen* 1. pl. praet. 9085. 9270.

k.

Für *k* erscheint in Verbindung mit Liquiden gern *c* : *volc* 63. *werc* 218. *cleine* 465. *danc* 943. *craft* 70. *clanc* 2130. *clingen* 2246.

Germ. *k* ist nach dem für das Hochdeutsche (ausschliesslich natürlich des Obd.) giltigen Gesetz durchgängig verschoben, also im In- und Auslaut nach Vokalen. Die Verschiebung hat sogar statt in ursprünglich niederdeutschen Worten: stets *hachelwerc* (vgl. Grimm, D. W. IV., 2. 102) V. 9144. 9152. 9169. 9457. 9576. 9589. 10010 u. ö., *Wiche* (dat. sg. zu *die Wik*) : *gliche* 3209, jedoch nur dies eine Mal; sonst ist die niederdtsch. Form bewahrt: *Wic* 1224. 1244. 1254. 1449. 6900. 7818. 7821, auch durch den Reim gesichert: *Wic* : *stic* 885. 1449. 6899. 7817.

Für *g* erscheint *k* stets in *nâkebûr* 146. 2104, *kegen* und *kein* 154. 1703. 1732. 1793, ferner stets nach der Vorsilbe *en* (*ent*) : *enkegen* 7361, auch durch den Reim als der Sprache des Dichters eigenthümlich erwiesen: *entkalt* (= praet. *entgelten*) : *kalt* (frigidus) 6153. 7834. 8490.

δ. Liquida.

l.

Einschiebung eines *l* ist zu verzeichnen in dem Namen *Plescowe* = *Pskow* 2099.

r.

r ist ausgefallen nach langem Vokal in *bekârte* : *râte* 242 (wenn man es hier nicht nur mit einem konsonantisch ungenauen Reim zu thun hat), unter der gleichen Bedingung kann *r* im Auslaut abfallen: *ê* 1329. 3118 u. ö. neben *êr* 9388. 9604. 10952. 11270, im Reim *ê* : *wê* 3771. 4647. 9611. 11341; (*êr* : *mêr* 8761) Umstellung des *r* in *Anders* = *Andrês* (Andreas) 7962. *burnen* 4240. 6834. 11290. 11458.

m.

m und *n* wechseln in *pilgerîm* und *pilgerîn*. Dem Dichter scheint, den Reimen nach zu urteilen, die letztere Form geläufiger gewesen zu sein, vgl. die Reime *pilgerîn* : *sîn* 1375. 1573. 1672. 1861. 1955. 3939. 4038. 4191. 4861. 5227. *pilgerîne* : *sîne* 537. 921. 8361. *pilgerînen* : *sînen* 1351. 3351. 6315. *pilgerîn* : *schîn* 4163. 4417. : *pîn* 5665, *pilgerîne* : *pîne* 895, dagegen kein Reim, der die Form *pilgerîme* voraussetzte. V. 537 und V. 916 *pilgerîme* : *sîne* scheint demnach auf einem Versehen des Schreibers zu beruhen, denn so ganz ohne Not würde der Dichter nicht zu dem unreinen Reim gegriffen haben, wo der bessere so nahe lag.

n.

n > *m* vor Labialen *umbekant* 58. *vumf* 519. *unsamfte* 1556.

n steht für *l* stets in *Nieflant* (aber stets heisst es *Liven*). Der Verfasser bringt also beide Namen nicht in Zusammenhang; für *m* steht *n* in *hein* : *grein* 1543.

2. Epenthetisches *n* tritt auf in *selbens* = *selbe* 420. *wagenhaft* = *wagehaft* 5715. Von den verschiedenen Formen, in denen das Pron. *selb* in der Rchr. auftritt, will ich hier noch folgende anführen: Nach falscher Analogie von *sin selbes lip* heisst es *irs selbes lip* 2480, *ir selbes lant* 2542. *ir selbes bôsheit* 8666. Mit lokalem Adverb verbunden erscheint *selb* V. 4055: *aldâ selbes*.

3. Häufig begegnet Nasalierung in dem Suffix *ic*:*vollenclich* 945. 5349. *wunnencliche* 1119. *vollencliche* 1121. 1141. *willenclich* 1892. *vollenclichen* 2003. 4269. *sinnenclich* 7997. Dieser Vor-

gang ist obd. häufiger als im Md. Ferner ist es im Dialekt der Rchr. beliebt, die Adverbia zu Adjektivis auf *-lich* nicht auf *-liche*, sondern auf *-lichen* zu bilden: *genédeclichen* 315. *innechen* 417. *séleclichen* 452. *bescheidenlichen* 727. *wunderlichen* 1202. *hovelichen* 2004. *getrûwelichen* 4362.

4. *n* fällt aus vor *l* in *vormezzelich* 8995. Über Verklingen des *n* im Reim S. 47, 5.

II. Formenlehre.

In der Formenlehre zeigt der Dialekt der l. Rchr. wenige Abweichungen von den für das Mhd. geltenden Regeln. Ich stelle dieselben im Folgenden kurz zusammen:

1. Deklination. Comparation.

1. *e* bleibt nach md. Weise in den obliquen Casus der Mask. und Neutr. der *a*-Deklination mit liquidem Suffix: genet. sing. *ordenes* 2307. *lebenes* 8023; dat. sing. *gisele* 888. *himele* (: *Mimele*) 4780. *wazzere* 9333. *meistere* 9612; nom. plur. *rittere* 6112. *engele* 8431; gen. plur. *brûdere* 9923; acc. plur. *brûdere* 1999. *hagene* 7315. Danach auch im acc. sing. fem. *die martere* 50.

2. *e* erscheint als Flexionsvokal:

a) im nom. plur. der neutr. der a-Deklination: *houbte* 1925. *swerte* 4049. *pferde* (: *werde*) 4708. *kindere* 7381. *rindere* 7382.

b) im nom. sing. fem. und nom. acc. plur. neutr. der starken Flexion des Adjektivums: *sîne gnade* 60. *vremde lant* 135. *maniche schar* 257. *rechte mâze* 472. *unse zunge* 4768. Der nom. acc. sing. fem. und nom. acc. plur. mascul. und neutr. des bestimmten Artikels lauten demnach übereinstimmend *die*.

c) im Instrumentalis *destiu* : *deste baz*, *deste mê* 772. 1067. 2528.

3. *e* erscheint als Endung beim Superlativ des Adverbs: *allir beste* 125. 8302, im Reim *beste* : *geste* 1689; ferner *schierste* 10823. *aller erste* 10887.

Im Gegensatz dazu ist Apokope des *e* im Positiv des Adv. zu verzeichnen: *hovelich : sich* (Reflex.) 5244. *balt : walt* 12003. Allgemeiner ist diese Apokope im Innern des Verses, wo sie jedoch meist durch Elision ihre Erklärung findet: z. B. *algemein* 1680. 1682 u. ö.

Ebenso erscheint *e* als Endung beim Comparativ des Adv.: *mére (= plus): sére* 2581 : *lére* 7955. 11638 : *ére* 8147. 10679. Eine Weiterbildung des Comp. *mê, mér* erscheint in *mérer (: sérer)*, V. 8562, *minner = min* 757. 2474. 10195.

4. Die Endung -*er* fällt ab bei den Poss. Pron. *unser : unsen dienst* (acc. sg.) 836. *unsem erbe* 897. *unses herren* 1984. *unse zunge* 4768. 10682. *unse nákebûren* 5920. *unseme her* 10564.

2. Conjugation.

1. *n* fällt in der 1. Pers. sg. ind. praes. eines alten Vb. auf -*μι* ab: *ich tû* 1302. Infinitive ohne *n* siehe unten Nro. 5.

2. *n* wird angefügt an die 1. Pers. sg. ind. oder conj. praes.: *ich ensterben (: erwerben*, inf.) 3496. 3668. *ich getrûwen (: rûwen*, dat. plur.) 4365. *ich leben (: streben*, inf.) 4663. *ich clagen (: geslagen*, part. praet.) 4870. *ich sagen (: clagen*, inf.) 6545*). *ich ligen (: verzigen*, inf.? oder partic. praet.?) 8261.

3. Die 2. Pers plur. ind. praes. und imperat. gehen einigemale auf -*en* aus und lauten dann dem Infinitiv gleich:

a) 2. Pers. plur. ind. praes.: *riten* 2926. *striten (: ziten*, dat. plur.) 4817. (Diese beiden Stellen sind zwar nur in H überliefert, die letztere aber doch durch den Reim gesichert) *lan (: hân*, partic. praet.) 4822. *bekennen (: nennen*, inf.) 5854.

b) 2. Pers. plur. imperat. *striten* 1915. *bliben* 2494.

4. In der 3. Pers. plur. ind. praes. fällt mit ganz vereinzelten Ausnahmen *t* ab: *triben* 340. *bûwen* 345. *hân* 1332. *wollen* 5069 u. s. f. Durch den Reim ist dies auch für die Sprache des Dichters gesichert: *uberladen* (part. pract.) : *schaden*

---

*) Wenn Pfeiffers Conjektur richtig ist. Beide Hss. haben aber *sage*, dann würde der Reim Verklingen des Inf.-*n* in *c'agen* beweisen. S. unter 5.

(3. Pers. plur. ind. pracs.) 5507. *nern* : *wern* (inf.) 6635. *gelegen* (part. praet.) : *pflegen* 9229. 9243.

5. Infinitive ohne *n* sind nur wenige zu belegen, in einigen Fällen scheint aber der Schreiber die Eigenthümlichkeit des Dialektes des Dichters durch Ausgleichung verwischt zu haben. Erhalten sind folgende: *tû* : *nû* 2888. *varn* : *schar* 3275. *vertriben* : *libe* 8073. Auch *ich sage* : *clagen* 6546 kann wohl mit Recht hier angeführt werden (s. o., Nr. 2).

Ausgleichung durch den Schreiber liegt vor *sunder witze[n]* : *besitzen* 3750 und in einigen andern Reimen, auf die ich an dieser Stelle hinweisen möchte: *reste[n]* (nom. sg.) : *gesten* (dat. plur.) 3727. *willeclichen* : *himelriche[n]* 11225 (vgl. dagegen *resten* (acc. sg.) : *geste* (nom. plur.) 7045).

6. Die gewöhnliche Form des Gerundiums ist die auf -*ene* oder selbst -*en* : *zû schadene* 5453. *des schenkens* 5459. *vlihene* 5622. *loufene* 7268, auch im Reim: *mit graben* (: *haben*, inf.) 10185. *mit tragen* (: *clagen*, inf.) 10187.

Beide Formen stehen nebeneinander:
10225 f.: *mit rinnene und mit springen,*
mit loufene und mit ringen.

7. Die Participialendung *nd* verklingt: *er wart vrâgen* 319. *sie wurden leben und* .... *streben* 6111 f.; aber *er bleib ligende* 1309.

III. Der Wortschatz.

Die Anzahl der in der 1. Rchr. gebrauchten speciell md. Worte ist nicht gross: *besite* 2472. 5310. 7441.

dinster 3980. *dromen* 11262.
enbinnen 4325. *entseben* 173. 5756. 7200 u. ö.
gegenôte geinôte 1331. 4791. *grobelich* (sehr) 8375.
hachelwerc 9144. 9152. 9576. 9589. 11010 u. ö.
risch 3743. 4020. 4651 u. ö.
sû = *sân* 4334 neben *sân* 1356. 2946. 3064. 3302.
wan (Präp. bis) 3982.

Abweichend von dem mhd. Sprachgebrauch erscheint
als Mascul. das gemeinmhd. fem. *angest* 251,
    das gemeinmhd. neutr.: *tal* 9987,
als Femin. die gemeinmhd. masc. *bach* 667. 1060.
    1104. 1899. und stets (vgl. Grimm Gr.
    3, 383), *list* 380. 6702. *site* 5912 (sonst masc.).
    sê 838. 1228,
als Neutra: die gemeinmhd. neutra: *jâmer* 1328. 1496.
    3050. *pfat* 5103. 10557.
Folgende Worte sind nur in der Rchr. belegt:
blûten, blûtekirl 4680. 4682 (wenigstens für die mhd.
    Zeit. Aus dem Ahd. als *pluozzan* s. o., S. 41).
bok 1670. Die Bedeutung dieses Wortes ist nicht aufgeklärt.
butzen 8237.
Für *bûste* V. 9601 ist *bûzte* zu lesen. Das Wort, im Mhd.
und Md. sonst nicht belegt, findet sich Passional (Köpke) 42, 8
in der unverschobenen Form *bûten*. Die verschobene Form
bûzen liegt an unserer Stelle vor. Vgl. Grimm D. W. I, 1754
beuten. Müller-Zarncke I, 191[b]. Anders Lexer, I, 291, der
das Wort mit *biuzen*, bauen, behauen zusammenbringt, in der
Wendung *viur anbiuzen* würde es dann Synonymum zu dem
in der gleichen Wendung häufiger gebrauchten *anstôzen* sein.

IV. Schluss.

Vorstehende Zusammenstellung ergiebt, dass der Dialekt
der Rchr. zu den md. Dialekten gehört. Insbesondere zeigt
der Stand der Lautverschiebung, dass er ein dem Oberdeutschen
nahestehender Dialekt ist. Von den md. Dialekten ist dies
bei dem ostfränkischen der Fall. In Franken selbst dürfen
wir aber die Heimat des Dichters nicht suchen, da man in
diesem Falle ein schärferes Hervortreten der thüringisch-
fränkischen Eigenthümlichkeit, das Infinitiv-*n* verklingen zu
lassen, erwarten müsste. Aus eben diesem Grunde kann auch
das eigentliche Thüringen nicht in Betracht kommen. Westlich

von Thüringen, etwa in Hessen, kann der Dichter nicht zu Hause sein, denn der hessische Dialekt zeigt mehr Abweichungen von Mhd. als der unseres Chronisten. So fehlt in der Rchr. z. B. die Lautverbindung *ht* für *ft* ganz, die Negation, die für den hessischen Dialekt *niet* ist, ist für die Rchr. stets *nicht*, auch durch den Reim gesichert (*nicht : geschricht* 1105. : *geschicht* (Subst. Zufall) 3083. 4632. 6190). Vielmehr werden wir die Heimat des Dichters im Osten von Thüringen zu suchen haben.

Schlesien kann hierbei nicht in Betracht kommen, denn für den schlesischen Dialekt ist der Abfall des Inf.-*n* für die mhd. Periode nicht nachzuweisen. Das ist um so merkwürdiger, als ihn die heutige schlesische Mundart kennt. Bei Heinrich von Crolwitz ist diese Eigenthümlichkeit stark ausgeprägt; Lisch in seiner Ausgabe zählt nicht weniger als 144 beweisende Reime auf. Die obersächsischen Urkunden dagegen kennen ihn nur in beschränktem Umfange.

Ich suche die Heimat des Dichters nördlich von Franken, östlich von Thüringen, etwa in der Gegend des heutigen sog. Osterlandes, oder noch etwas südlich desselben.

So findet auch der Reim *zit : geleit*, V. 11551, seine Erklärung.

Die Diphthongisierung des *i* hat für Mitteldeutschland ihren Ursprung in Franken, und zwar in Ostfranken. Zuerst erscheint der neue Diphthong in einer Urkunde des Bischofs Wülving von Bamberg im Jahre 1308 in dem Worte *weile* (Henneb. U.-B. I, 65). Im Munde des Volkes musste aber der neue Laut schon leben, bevor er in Urkunden Eingang finden konnte. In Böhmen waren die neuen Diphthonge von 1310 ab in der Oberhand (vgl. Wh., § 108, S. 105) und herrschen durchaus in dem Buche der Prager Malerbruderschaft v. J. 1318. Von hier schlug die Bewegung ihre Wellen nach Schlesien, und hier drang der neue Laut naturgemäss zuerst in den westlichen, dem Einfluss des Böhmischen am meisten unterworfenen Landstrichen durch. Die frühesten Beispiele für Schlesien sind aus der 2. Hälfte des 14. Jahrhunderts nachweisbar (Rückert-

Pietsch, Entwurf einer systemat. Darstellung der schles. Mundart im Mittelalter, S. 95). In Obersachsen ist das früheste Beispiel aus Urkunden aus dem Jahre 1352 zu belegen (Cod. dipl. Sax. II, 4, N. 41), jedoch treten in Predigten vereinzelte Spuren bereits im 13. Jahrhundert auf (vgl. Schilling, Die Diphthongisierung der Vokale *ü, iu* und *i*. Progr. d. Realschule z. Werdau, 1878, S. 27).

Mit Ausnahme dieser Landstriche ist die Diphthongisierung des alten Lautes im Md. nicht vor 1500 erfolgt (vgl. v. Bahder, Problem, S. 32). Ebensowenig also, wie sich bei Nicolaus v. Jeroschin auch nur eine Spur des neuen Diphthongen zeigt, kann derselbe im livländischen Dialekt heimisch gewesen sein. Als unreinen Reim aber, wie gesagt, haben wir kein Recht, diesen zu betrachten, wie die folgende metrische Untersuchung ergeben wird (s. S. 56 f.).

C. Metrik.
1. Versmessung.

Das Gesetz, das Nicolaus von Jeroschin beim Bau seiner Verse beobachtet, und welches dahin lautet, dass kein Vers unter 6 und nicht über 9 Silben haben dürfe, kennt die 1. Rchr. nicht. In der Natur des mhd. Verses liegt es, dass die Zahl der Silben sich meist innerhalb dieser Grenzen bewegt, und so ist es natürlich auch in der Hauptsache in der l. Rchr. Daneben aber kommen sehr häufig 5silbige Verse vor:
so V. 211 *sechs milen rurbaz*. 231. *der in sanc und las*. 784. *vrü unde späte*. Ebenso 909. 1011. 1051. 1382. 1493. 1708. 1711. 1987. 2444. 2505. 3037. 3549. 3877. 6531 u. a. m.
Sogar ein 4silbiger Vers findet sich:
V. 9823 *und wern daz lant*.
Auf der anderen Seite finden wir Verse von
10 Silben: 5956 *die Lettowen kein der brüdere her*
8608 *zum Elwinge als ich hān vernomen*

11 Silben: 2946 *des dankten sie gote von himele sân*
5312 *der bete endorfte er sich nicht schemen*
8939 *brûder Johann von Ochtenhûsen er hiez*
9453 *und quâmen zu Semegallen in das lant*
9981 *vonme Heiligenberge und von Terwetein*
12 Silben: 2791 *sô lâze wir uns toufen in gotes namen*
9482 *der marschalc sprengete und jagete in nâch*
sogar 13 Silben: 8532 *mit sibenzic brûderen. In begunde [clagen.*...

Vielmehr gelten für den Dichter der l. Rchr. dieselben Regeln, wie für die Dichter der klassischen Periode. Die Abweichungen von der strengen Regel, die er sich gestattet, gehen über die für die klassische Periode gesteckten Grenzen nicht hinaus, wie folgende Zusammenstellung ergiebt:
1. Fehlen der Senkungen.
In 3 silbigen Worten fehlt zuweilen auch nach kurzer Silbe die Senkung: 9737 *dô die welûnge geschach*. Ebenso 9765 *welûnge*, 10025 *sie bûweten ribâlde groz*, 11964 *Mâseke ir kunic hiez*.
2. Auftact:
   a. Einsilbiger A. ist natürlich häufig: 3 *und | allez*, 115 *Ma | rîen* u. s. f.
   b. Zweisilbiger A.: 34 *dâ von | solden unser herze toben*, 159 *dô man | irre kumfte wart gewar*; 363 *wâ sie*, 402 *als ouch*, 596 *sint die*.
   c. Auch dreisilbiger A. ist nicht selten: 324 *sie tûn der | cristenheit vil schaden*, 5279 *und nâch den | kummentûren algemein*, 6524 *nû weste ich | gerne arme Marthe*, 6478 *mit sînem | mâgen Traniâte*, 8987 *er nam der | lûte eine cleine schar*.
3. Tonloses e ist hebungsfähig, wenn die dazu gehörige Senkung ebenfalls ein e enthält:
   a. Beide e gehören demselben Worte an:
      α) vor Doppelkonsonanz: 692 *den lettéschen kinden*, 4658 *ir eldéste sprach alsô*,

β) auch vor einfacher Consonanz. Dieselbe vertritt jedoch strengmhd. Doppelkonsonanz: 7268 *zû loûféne was in gâch.*

b. Das tonlose e steht am Ende des Wortes:
269 *Kôpé der selbe hiez,* 280 *daz Kôpé der cristenheit,* 282 *das wart vil schieré vernomen,* 853 *zu Nieflandé gestalt,* 4096 *zu rucké geleit.*

4. Schwebende Betonung, namentlich im Anfang des Verses und bei Eigennamen.

a. Eigennamen: 1334 *der grêve Albrecht,* 2735 *Lengewin,* 2779 *Milgerîn,* 2409 *Goldingen,* 3173 *brûder Andrês*

b. im Versanfang: 4986 *ir wartlûte quam ein teil gerant,* 5523 *sperwechsels vil man dâ vant,* 7107 *vrôlich vûr er in dûtsche lant,* 7601 *lantvolkes hatten die brûdere gnûc*

c. Auch innerhalb des Verses: 2114 *die Rûzen vrîlichen riten an,* 3891 *sô grôze tôrheit wart nie gehôrt,* 5448 *als von eime armbruste ein holtz,* 6308 *kârten ouch vrôlichen dan,* 10061 *die heiden man holtz werfen sach,* 11175 *dô die herschowunge geschach.*

5. Elision ist so ausserordentlich häufig, dass es genügt, nur einige Belege anzuführen: 111 *mit gote in himelrîche,* 55 *sante er,* 227 *solde alsô,* 272 *sêle ein,* 370 *wite entzwei,* 579 *stifte ein* u. s. f.

6. Synalöphe: 35 *zu aller stunt,* 543 *sie uns,* 555 *sie alle,* 697 *dô erliez,* 771 *zu Odempé,* 1140 *nû ist,* 1195 *die Oselêre,* 1259 *zû undanke* u. ö.

7. Artikel und unbetontes Pronomen werden zum vorhergehenden Wort gezogen:
477 *i(n de)me êwangeliô,* 635 *bû(we)te (da)z hûs zur Winden,* 605 *in (de)s stûles,* 2712 *ein wagen mûste (da)z bermît tragen,* 2202 *wan (i)z im vil lichte missegât.* Einigemal wird diese Zusammenziehung schon in der Hs. ausgedrückt, so 1047 *zûn herbergen,* 9449 *zûn êren,* 8503 *ûffen tac.*

8. Syncope des e kann in folgenden Fällen eintreten:

a. 1. in *be-* vor folgendem *l*: 525 *wolde bliben*, 1079 *stéte bliben* (1378 *nicht beliven*),

2. in *ge-*. α) vor folgendem *l*: 1248 *daz sie dem g(e)louben*, 1275 *den cristen g(e)loube wêre bî*, 1004 *daz globeten sie* (= *gelobeten*)

β) vor folg. *n*: 266 *mit der g(e)nâden volleist*, 807 *betrûbet gnûc*, 939 *gewarnet gnûc*, 281 *hatte g(e)nomen*, 315 *quâmen g(e)nêdeclichen*

γ) vor folgendem *w*: 706 *wurden g(e)war*, 651 *er g(e)wan in Kokenhûsen an*

δ) vor folgendem *s*: 399 *hatte g(e)sant*, 3735 *zwêne g(e)sellen*, 3766 *sîne g(e)sellen*, 3703 *g(e)selleschefte pflegen*, 6556 *liez dir g(e)smîde machen*

ε) vor folg. *z*: *die brûder slûgen schône ir g(e)zelt*, 5040. 11929 *daz sie slûgen ûf ir g(e)zelt*,

b. in der Verbalendung *-et* auch nach vorhergehender langer Silbe:

1. in der 3. Pers. sing. ind. präs.: 6772 *der lôntez*, 477 *got sprich(e)t i(n de)me êwangêliô*
2. in der 2. Pers. plur. ind. praes. oder imperat.: 862 *dâ werd(e)t ir*, 4553 *enthald(e)t ûch*, 9404 *des wunsch(e)t im*
3. im part. praet. der schwachen Vb.: 39 *irlôst : trôst* (nom. sing.), 2195 *behût : gût* (nom. sg.), 3897 *der gewund(e)t von dannen schiet*, 10113 *gewunt* (*: gesunt* adj.),

c. in der Verbalendung *-est*: 6560 *nû volg(e)stû*, 6506 *die du gelobt(e)s in mîne hant* (= gelobtest),

d. *e* als Bindevokal der schwachen langsilb. Präterita: 133 *wis(e)te*, 693 *irlôs(e)te : trôste* (dat. sg.), 1039 *vrâg(e)te*, 2605 *vasten* (*: rasten* inf.) (= *vast(e)ten*),

e) 1. 3. Pers. plur. ind. praet.: 127 *wâr(e)n gesezzen,* 155 *quâm(e)n so nâhen,* 1255 *quâm(e)n mit irme here zû,* 6070 *sie sâh(e)n vor iren ougen tôt*

f. das *e* der Flexionsendung *-es* oder *-en*: 620 *pâbest(e)s,* 928 *des ander(e)n tages,* 979 *ûwer(e)n rât,* 2290 *als ez ân den wérk(e)n wol schein*

g. das *e* der Superlativendung: 2395 *die eld(e)sten,* 2769 *der eld(e)ste.*

h. Besondere Fälle: 377 *kurtz(e)lich,* 987 *Volk(e)win sprach,* 1042 *meist(e)r vil wol,* 3092 *der kumm(en)tûr und die brûdere sîn,* 3018 *bin des ein dinc zu Rîge g(e)schach* = *bin(nen) des.*

9. Apokope des *e* kann eintreten

a. in der 1. Pers. sg. ind. praes.: 1426 *noch wên ich,* 2854 *ich wên(e) daz Milgerîn,* 7183 *ich mein(e) die kummentûre*

b. 1. 3. Pers. sg. ind. und conj. praet.: 735 *tet* (: *gebet*), 1102 *sie hindert* (praet.) *ein vil tiefer grunt,* 2796 *begert* (praet.) : *wert* (adj.), 10496 *gert* (praet.) : *pfert* (subst.)

c. 2. sg. imperat. der schw. V.: 1212 *daz suoch(e) der ez nicht glouben wil.*

d. Im nom. sg. oder plur.: 442 *daz ir herr(e) der bischof quam,* 1104 *und in dem grunde ein bôse bach,* 771 *er sante brûder(e),* 1184 *die pilgerîm(e) des wâren vrô*

e. im dat. sg.: 203 *zu Niefland(e) mit mancher schar,* 639 *von gûtem(e) râte,* 1798 *zû hûs mancher marke wert,* 1283 *von durf(e) zû durfe,* 7603 *zû strîten(e) mit der Rûzen schar*

f. im genet. sg. oder plur.: 159 *dô man ir(re) kumfte wart gewar,* 777 *der brûder(e) zwéne viengen sie,* 1211 *der Oselér(e) gebeines vil*

g. in der adverbialen Endung: 107 *daz man dar ab(e) bekennet wol,* 336 *vil nôt(e) sie darzû giengen,* 710 *vil snel(le) man in darumme vienc,* 1165 *um(me) daz êwicliche leben,* 10330 *brûder(e) hin(e) zu Nieflant.*

Es erübrigt nun noch, das Verhältnis des Dichters zu den Versen mit 4 Hebungen und klingendem Ausgang zu besprechen. Derartige Verse verwendet der Dichter nicht. V. 261 nehme ich metrisch 2 silbigen Auftakt an: *beide | g(e)waldic und riche.* V. 2237 wird der klingende Ausgang auf ein Versehen des Schreibers, oder besser eines Schreibers, denn beide Hss. haben die gleiche Lesart, zurückzuführen sein. Ich lese statt *cleine : eine clein : ein.*

Die einzige wirkliche Ausnahme bildet V. 287:

*Eisten Letten und Oselére
den was die rede gar zu swêre.*

Aber auch hier kann man die Schwierigkeit heben durch Annahme eines zwei- *(Eisten)* bezw. dreisilbigen *(den was die)* Auftakts.

In Bezug auf den Versausgang ist Folgendes zu bemerken:
a. Vorletzte Hebung.
1. Die letzte Hebung lautet vokalisch an.

Der Dichter scheint Versschlüsse zu meiden, in welchen 2 silbige Worte mit kurzer Stammsilbe und auslautendem stummen *e* die vorletzte Hebung bilden; wie z. B. *fride ist, sage an, rede ich.* Dieselben fehlen wenigstens völlig.

2. Er vermeidet den Ausfall der letzten Senkung, selbst wenn die vorletzte Hebung lang ist: 1271 *quâmen an,* 1294 *sînen arm,* 1548 *lôser ist,* 1635 *be-vlozzen ist,* 3986 *sie ein ei,* 4830 *veldes ort,* 6377 *gehôric ist,* 6602 *men-lichen an,* 6666 *ge-scheiden ist,* 6723 *eigen ist,* 7097 *wundet(e) in,* 7491 *walt von in,* 8554 *ûf daz ort,* 9051 *after-hüte an* u. s. f.

Eine Ausnahme bildet *Léal,* der Name der Stadt, womit der Dichter unbedenklich den Vers schliessen lässt, obwohl die Senkung zwischen der vorletzten Hebung *(Lé-)* und der letzten *(-al)* fehlt. Vgl. *Léal : zal* 6697. 6759. 7851. 7923. 9517. 10965. : *al* 7804. 11121.

b. Letzte Senkung.

1. Die letzte Hebung lautet konsonantisch an. Auch hier macht der Dichter von den Freiheiten Gebrauch, die er sich im Innern des Verses gestattet: 1216 *mit ĕr(e)n von dan*, 2917 *des wĕr(e) ich vrô*, 3503 *macht(e)n sie dô*, 3499 *landes g(e)nâc*, 6627 *quâm(e)n ouch dar*.

2. Die letzte Hebung lautet vokalisch an. In Bezug auf die ihm zustehenden Freiheiten verfährt der Dichter wie im Innern des Verses: 1307 *morten sie in*, 1504 *volgete in*, 1855 *quéme zû in*, 1885 *strîtene ist*, 7097 *wundete in*, 7195 *hette zû im*.

Was den die letzte Senkung schliessenden Consonanten anbetrifft, so widerstreben einzelne Verse den von Lachmann aufgestellten strengen Regeln: 444 *wirdic ist* (ebenso 9102. 12015), 1058 *dâ was in* [1557 *sich daz an*, 3489 *an daz ort* (ebenso 8554)], 4830 *veldes ort*, 6377 *gehôric ist*, 7933 *meres îs* [7947 *be-hielden (da)z îs*, 9319 *in daz îs*], 9811 *bischoves ist*.

2. Der Reim.

a. Ungenaue Reime.

α. Vokalisch ungenaue Reime.

Die vokalisch ungenauen Reime beschränken sich auf Reime zwischen vokalischer Länge und Kürze. Im Übrigen sind die Reime vollkommen rein. Unter diesen ungenauen Reimen sind die von

â : a: die weitaus häufigsten, wie *brâcht : tracht* 9599, *nâch : brach* 9645 : *geschach* 9667 u. ö. : *sach* 10027 u. ö., *gâch : sprach* 10475. *stân : an* 10327 u. ö., *plân : an* 10613. *rât : bat* 5097 : *stat* 5219 u. a. m., u. a. m.

Diese Reime sind mit Ausnahme des Einen *âmen : namen* 8509. sämmtlich stumpf.

ë : e: *mër : her* 2397. 5092. 5164 : *wer* 10959. *predigêre : here* 4236.
i : i: *in : sin* 791. *striten : siten* 2747. 1739. 1963. *-lich : sich* 3967. 6378. 7371. 7727. 7843 u. ö., *rich : sich* 2799. 3317. 6271. 10121.
ô : o: *tôt : got* 4573. *gebôt : got* 5315. *enpôt : got* 9893. *gehôrt : dort* 3889. 5983. 7483 : *vort* 4729 : *ort* 5173 : *wort* 11201. *gehôrten : worten* 5111. 3241.
ü : u: *vründen : kunden* 8496.

β. Consonantisch ungenaue Reime.

râte : bekârte 241. *Liven : bliben* 526. 1079. 1117 (: *beliven* 1378. 1522. 1893) : *triben* 897. 907 : *wiben* 1147. *Arnstein : heim* 1685. *man : quam* 9781. *ranten : sprancten* 7039. *genante : sprancte* 11922.

Nicht hierher rechne ich: *vurbaz : was* 211 und *geschiet : nicht* 1410. Beides ist nur Versehen des Schreibers. Ebenso *pilgerîm : sin* 537. 916.

b. Rührende Reime.

α. Unerlaubte.

hât : hât 2199. *genant : genant* 2207. *gar : gar* 6785. *wider : wider* 8861. *hiez : hiez* 9839.

β. Erlaubte.

Häufig sind die Reime von *-lich : -lich, -liche : -liche, -lichen : -lichen:*

-*lich : -lich: geistlich : êrlich* 1850. *vromelich : genendeclich* 11748.

-*liche : -liche: gliche : ritterliche* 568 : *sicherliche* 2931; *geliche : vollecliche* 3333 : *genêdecliche* 4539 : *endeliche* 5531. 8240; : *heimeliche* 5819 : *vrôliche* 1551. *genêdecliche : liepliche* 1794. *vlîzliche : tugentliche* 2839. *unbescheidenliche : liepliche* 10361. 10919.

-*lichen : -lichen: vrilichen : êwiclichen* 603. *volleclichen : hovelichen* 2003. *jêmerlichen : sicherlichen* 11397.

Ferner: *leit : geleit (= gelegit)* 3851. *werc : bolewerc* 3977 ; *hachelwerc* 9575. 11355. *reit* (ind. praet.) : *bereit* (part. praet.) 2172. 3360. 4245. 10213 u. ö., *wirt* (3. P. sg. ind. praes.) : *wirt* (hospes) 4285. *zû hant : hant* 4047. 7269. 10573. *hôchvart : hererart* 4155. *sîn* (gen. pron.) : *sîn* (inf.) 5417. *majestât : stât* 5835. *kalt* (frigidus) : *entkalt* (praet. von *entgelden*) 6153. 7834. 8489. *Oselére : lére* 6183. *cristentûm : bischtûm* 6693. *himelriche : tugentriche* 8431. *gegeben* (partic. praet.) : *geben* (inf.) 9639. *jâmersanc : sanc* (ind. praet. *singen*) 11463.

Häufig auch bei Namen: *Alexander : ander* 2213. 7581. *Heinrîch : rîch* 2301. 3547. *Dytrîch : rich* 2336. 3121. 10175. *Aleman : man* 4085. *Kunigesberg : geberg* 4373. *Burkart : art* 4437. *lant : Nieflant* 6482. *al : Leal* 7803. 11121.

c. Erweiterte Reime

sind ausserordentlich häufig. Es genügt, für jede Art aus der übergrossen Menge einige auszuheben:

be- : *be-* : *bereiten : beleiten* 4469. *benennen : bekennen* 5853. *beschreib : beleib* 6689.

ge- : *ge-* : *geschehen : gesehen* 228. *gewalt : gestalt* 596. *gewesen : genesen* 1219. : *gelesen* 2029. *geborn : gekorn* 2303. *gehurt : gegurt* 2863.

be- : *ge-* : *bewart : gespart* 1064. *beguzzen : genuzzen* 1452. *bespreit : gemeit* 1599. *bevlozzen : genozzen* 1617. *bewarn : gevarn* 1953. *begerte : gewerte* 2321 u. a. m.

er- : *ver-* (*ver-* : *er-*): *verstiez : erliez* 2189. *verterben : ersterben* 6483. *ergân : verstân* 6525. *verlorn : erkorn* 6573. *irwarb : vertarb* 6593. *erwern : verhern* 8781.

ver- : *ver-* : *versehen : verjehen* 3439. *verhert : verzert* 4115. *vergezzen : vermezzen* 11137.

d. Doppelreime

kommen zwar vor, scheinen mir aber vom Dichter nicht beabsichtigt zu sein.

α. **Der Endreim wird verdoppelt.**

hân getân : wân 811. *wart : wart gespart* 3517. *hân : hân gestân* 5777. *verlân : hân getân* 6407. *gevromen : vromen komen* 6570. *zû : alzû vrû* 9259. *bliben : bliben ungeschriben* 12012.

β. **Vor den Endreim wird ein zweites Wort gesetzt.**

1. Die vorgesetzten Worte sind gleich.

dâ wider : dâ nider 1709. *ir kinder : ir rinder* 4715. *die vesten : die besten* 5415. *hân gelârt : hân bekârt* 6381. *[vlizec]lichen biten : [brûder]lichen siten* 7535. *und lip : und wip* 11007. *unde kinder : unde rinder* 11047. *ein heil : ein teil* 11523. 11688. *nicht gewesen : nicht genesen* 10269. *wol bewart : wol geschart* 4243.

2. Die vorgesetzten Worte sind nicht gleich.

der tur : her vur 1299. *hûte vrî : mûde bî* 1513. *undertân : sunder wân* 5759. *senden wider : wenden wider* 8861. *sêre got : mêre enpôt* 9893. *quâmen dar : nâmen gar* 11347.

e. Mittel- und Binnenreim

scheint beabsichtigt V. 8245 ff. *was : genas : was; macht — lac : nacht — lac.*

f. Gleitende Reime.

bûweten : trûweten 225. 11371. *Mimele : himele* 4471. 4515. 6789. 7007. *degene : gelegene* 4813. *bittere : rittere* 6473. *getregede : megede* 7289. *kindere : rindere* 7381. *Manderen : wanderen* 7421. *getrûwete : gebûwete* 11615.

g. Reimhäufungen.

Die bei Nicolaus von Jeroschin so überaus zahlreichen Häufungen gleicher Reime finden sich in der l. Rchr. nicht in dem Masse. Nicolaus hat (vgl. „die Deutschordenschronik" des N. v. J., herausgeg. v. Pfeiffer XLIX) Folgen von 4 bis zu 10 gleichen Reimen. Auch der Verfasser des Passionals und des Väterbuches liebt sie. Franke (Das Veterbûch, S. 92) führt Folgen von gleichen Reimen bis zu 12 an. Wo sie in der livl. Rchr. auftreten, tragen sie mehr oder minder das Gepräge des Zufalls:

1. Folgen von 3 gleichen Reimen: 11934 ff. *hant : Kûrlant: genant.* 11945 ff. *volkomen : genomen : vromen.* [V. 11645: *geschach : sach : nâch.* Doch ist V. 11647 von Pfeiffer mit Recht als unursprünglich entfernt worden.]
2. Folgen von 4 gleichen Reimen: 2199 ff. *hât : hât : hât : gât,* 2277 ff. *hant : lant : bekant : volant.* 9394 ff. *sider : wider : sider : nider.*

Der Vollständigkeit halber seien noch erwähnt: 665 ff. *nâch : gâch : bach : ungemach,* 757 ff. *hâr : wâr : gewar : dar,* 3943 ff. *sîn : pilgerîn : hin : gewin,* 7651 ff. *stân : getân : man : an,* 9325 ff. *geschach : enbrach : gâch : nâch,* 11748 ff. *vromelich : genâdeclich : stich : wich.*

Eine Wiederholung derselben Reimfolge: V. 11937 ff. *nider : wider, bach : gemach, nider : wider, bach : ungemach.*

b. Emjambement

ist nicht gerade selten: V. 1013 *und unser vrowen vanen war | nêmen.* 1029 *er suchte der besten rittere dô | zwelve,* 1154 *die cristen dô die walstat | behielden,* 1994 *daz wir die besten brûdere dar | senden,* 2214 *mit im vil mancher ander | Rûze,* 2517 *Myndowe drizic tûsent man | hatte,* 2821 *und ander vrûnde wer uns wil | volgen,* 2907 (*ein pfant*) *wollet ir uns daz | behalden?* 3219 f. *alsô trûgen sie uber ein | recht, daz under in nie kein | zweiunge was,* 3743 *einen berc, den er irkorn | hatte,* 3779 *dar umme in misselingen | mûz,* 3915 *dise sache die ich hân | vernomen,* 4112 *ûf die Kûren die dâ sint | cristen,* 4207 *daz ez von siner banier nicht | kêren wolde,* 4364 *wolt ir mir gemach | tûn,* 4533 *unde wolt in widergelt | geben,* 4888 *sie wolden Kûrlant noch mêr | vertiljen,* 4978 *sie riten manchen bôsen grunt | durch,* 5363 *sint dâran sô grôz heil | liget,* 5926 *ich sol | hôren,* 5971 (*die jungen Kûren*) *man die nam | gevangen,* 6035 *dô der brûdere her was | bereitet,* 6190 *nâmen wol den meisten | roub,* 6313 *daz sie ir sliten hetten vol | roubes* u. ö. vgl. V. 6242. 6375. 7182. 7278. 7729. 8673. 8797. 9195. 9253. 9882. 9901. 10111. 10793. 11899.

III. Der Verfasser der livländischen Reimchronik.

Kallmeyer (Scr. rer. Liv. I, 501—506) sprach die Ansicht aus, dass ein Ritter, der ein Lehnsmann des Königs von Dänemark, jedoch selbst nicht dänischer Abstammung, sondern ein Mitteldeutscher gewesen sei, in Reval die Rchr. geschrieben habe.

Diese Annahme wies Schirren (Mitth. VIII,, S. 34—45) zurück, mit Recht, soweit es sich um die Eigenschaft des Verfassers als Lehnsmann des dänischen Königs und seinen Aufenthalt in Reval handelte. Schirren warf dagegen die Frage auf, ob nicht ein Geistlicher der Verfasser sein könnte, und sprach die Vermutung aus, der in V. 11936 genannte graue Mönch Wicbolt Dosel sei der Dichter gewesen.

Dagegen ist zunächst festzustellen, dass der ganze Inhalt der Chronik ein durchaus kriegerischer ist. Der Verfasser schildert nur die Einführung des Christenthums in Livland durch Feuer und Schwert, und nicht ein einzigesmal beschreibt er ausführlich die allmähliche Ausbreitung des Glaubens durch die Lehre, und etwa die Gefahren, denen die christlichen Sendboten im heidnischen Lande ausgesetzt gewesen wären. Das aber hätte einem Geistlichen viel näher gelegen. Nur an 3 Stellen wird, und auch da ganz kurz, der Ausbreitung der christlichen Lehre gedacht, aber nicht etwa durch Cistercienser, was doch nach Schirrens Behauptung am nächsten liegen würde, sondern durch Geistliche der deutschen Ordensregel (vgl. V. 3557: *pfaffen und brüdere dar quâmen an des meisters schar*. Es folgt die Taufe Mindowes. 3569: *der meister pfaffen und brüdere liez zu Littowen*. V. 6558: *die rechtekeit er [der meister] lêren liez dich sine pfaffen*).

Abgesehen von dieser allgemeinen kriegerischen Richtung der Chronik fallen aber noch eine Menge, dem Kriegsleben entnommener kleiner Züge auf, für die ein Geistlicher weder Auge gehabt hätte, noch das Interesse, sie aufzuführen.

Hierher gehört die Schilderung des Ausmarsches, V. 1005 ff., welche wohl als typisch gelten darf, da der Verfasser hier nicht selbsterlebte Ereignisse beschreibt. — Morgens wird in der Stadt Messe gesungen. Bei dem dritten Anläuten der grossen Glocke versammelt sich das Heer ausserhalb der Stadt um die Fahne. Die Fahne trägt der Vornehmste. Eine Fahnenrotte, ebenfalls aus den edelsten Rittern bestehend, wird gebildet (6037). Grosses Gewicht legt der Verfasser darauf, dass die Marschordnung während des Marsches eine gute geblieben ist (1045). Die Massregeln, welche zur Sicherung des Heeres auf dem Marsche und in der Ruhe getroffen werden, beschreibt der Verfasser oft und genau, so V. 1060: *stige unde strâze wâren harte wol bewart*, 3009: *sie wâren beider sît behût, ir afterhûte die was gût*, 5033: *an beiden sîten wol bewart daz her was ouch zû wer geschart*, 9035: *sin her wart ordenlich geschart, mit afterhûte wol bewart*. Um das Heer vor Überraschung durch den Feind zu schützen, wird in einer gewissen Entfernung *(wol zû mâze)* eine Schar „*wartlûte*" voraufgeschickt, und diese sichern sich in ähnlicher Weise dadurch, dass sie wieder einen Mann aus ihrer Mitte voraufschicken (1088 ff.). Ebenso werden *wartlûte* ausgesandt, wenn das Heer lagert, also hier Vorposten. Ihr Zurückkommen am Morgen vor dem Aufbruch des Heeres wird V. 4272 erwähnt. Doch scheint es eine geregelte Lagerordnung, wie heute, noch nicht gegeben zu haben. V. 1050 sehen die beiden Heerführer nur darauf, dass das Heer sich nicht zu weitläufig lagert. Das wird auch der Sinn des *lagern mit râte*, V. 3288, und des *harte reiselich lagern* sein (V. 8378).

Die Wahl des Stoffes und die Behandlung desselben vom Gesichtspunkt des Soldaten aus bringt es natürlich mit sich, dass häufig Schlachten oder wenigstens feindliche Zusammenstösse erwähnt werden. Vergebens aber wird man eine plastische, packende und lebenstreue Darstellung des Kampfes suchen, die Beschreibung des Streites bewegt sich stets in ganz allgemeinen, formelhaften Wendungen, wie V. 1132 f. *dô clungen sô der dûtschen swert, daz iz den Eisten missehaget;* oder

1578 ff. *vil manche brunje riche sach man dâ durchstechen, ir helme vil zůbrechen mit den důtschen swerten;* oder 2246 *man hôrte swert dâ clingen, man sach helme schrôten; an beider sît die tôten vielen nider ûf daz gras;* oder 4048 ff. *man sach dâ howen manche hant. dâ hôrte man swerte clingen, daz blût sach man dringen durch vil manche brunje gût. sie guzzen beider wegen blût;* oder 8419: *man hieb sêre unde stach, daz blût vlôz als ein bach durch die stêline ringe rôt. die brůdere die liden nôt.* Mit Unrecht aber würde man daraus schliessen, dass der Verfasser nicht selbst das Schwert geführt habe (vgl. Steinmeyer, Anz. f. d. A. 1876, S. 240). Hier waren dem Dichter eben durch sein Können Schranken gesetzt, es fehlte ihm an der poetischen Gestaltungskraft. Überhaupt ist es eine unbegründete Behauptung, dass Jemand, der Schlachten mitgekämpft hat, sie auch in packender und lebenswahrer Weise müsse beschreiben können. — Schirren schliesst seine Abhandlung mit den Worten: „Gegen diese Annahme (dass ein Geistlicher der Vf. sei), wird derjenige sein, welcher ausschliesslich die erzählende Darstellung zum Gegenstande seiner Untersuchung macht, für sie, wer neben dieser die nicht seltenen Ermahnungen, Betrachtungen, Sinnesäusserungen, überhaupt den subjektiven Anteil des Vf. an seinem Gedicht in Erwägung zieht."

Was nun diese „nicht seltenen Betrachtungen, Ermahnungen und Sinnesäusserungen" anlangt, so ergiebt eine nähere Prüfung, dass Schirren viel zu viel in die betr. Stellen hineingelesen hat, z. T. sie aber auch arg misverstanden hat.

Aus V. 2460 *got sîne vrûnt bewaren kan* und 2807 f. *ouch sante in got den sûzen geist von sînen genâden allermeist* vermag ich „tiefe Gottesfurcht und das Vertrauen auf Gott" nicht herauszulesen (vgl. Mitth. VIII, H. I., S. 62). Weiter sagt Schirren S. 58: „Er verdammt die Feigen, über welche nur der Schimpf gekommen" (mit Bezug auf V. 6098 *der veigen mac keiner genesen* [!] und V. 10769 *wir lân die veigen ligen dâ* [!]) „Damit verknüpft er Lehren und Warnungen und praktische Ratschläge. Er warnt vor falschen Räten" (vgl. V. 756 f.

úf alle valsche réte acht er (nämlich *Volkwin!*) *minner dan ein hâr*), „er lobt die Gastlichkeit der alten Zeit, die Ergebenheit gegen Meister und Hochmeister" (V. 3713 *man liez zu den zîten nimande rîten ..... ê dan sie hatten gesezzen, getrunken unde gezzen*), „die Feigen laden nicht nur Schimpf auf sich, sondern ihre Feigheit stürzt sie erst recht in Gefahr" (dazu vgl. V. 4920 *die veigen mûzen ligen tôt*) „er ruft zu kühner Tapferkeit auf (V. 7975 f. *sîn her was cleine genûc, der gûte wille in doch trûc!*), „aber er warnt vor Nachlässigkeit (wo?). Er schilt unzeitige Plünderungssucht" (9330 ff. *sumeliche wâren der sinne toub, daz sie der brûdere verzigen. dâ sie pferde sâhen ligen, ... der wolden sie geniezen*) „er schilt die Nachlässigkeit in der Landesverteidigung" (3082 ff. [*daz her*] *daz bleib ungewarnet gar. daz was ein wunderlich geschicht daz des die brûdere westen nicht.* V. 3086 ff. sind von Sch. ganz falsch aufgefasst) „und lobt Umsicht und Wachsein" (wo?) u. s. f.

In der l. Rchr. giebt es derartige „Betrachtungen" überhaupt nicht, wenn man nicht gerade die Einleitung dazu rechnen wollte (V. 1—126), und die den Gefallenen des Ordens und seiner Verbündeten nachgesandten Segenswünsche. Ebensowenig giebt es „Ermahnungen" im Sinne Schirrens, und die „Sinnesäusserungen" beschränken sich auf Aussprüche ganz allgemeinen Inhalts, von denen nicht behauptet werden kann, dass sie durchaus ein Geistlicher geschrieben haben müsse, vgl. V. 470 ff. *got hât eine milde hant, wer im icht gibet, er gildet wol. sîn rechte mâze ist immer vol*, oder V. 2295 *um sîne grôzen arbeit sal im von gnâden sîn bereit des himelrîches crône. die gît got im zu lône.*

Zur Entscheidung dieser Frage ist das Verhältnis des Verfassers zu der Geistlichkeit von Wichtigkeit. Da muss nun zunächst auffallen, dass der Verfasser nicht einmal die kirchliche Einteilung des Landes kennt, was man bei einem Mönche doch wohl voraussetzen dürfte. Das Bisthum Kurland nennt er bei der Erklärung der Einteilung des Landes überhaupt nicht (vgl. V. 6670 ff.), den Erzbischof von Riga nennt er meist nur Bischof, einigemal allerdings auch mit seinem richtigen Titel (4567. 9656. 11114). Und wie lässt sich ferner mit der Eigenschaft des Verfassers als Geistlicher der grobe Ausfall auf die Geistlichkeit in Einklang bringen V. 6625 ff.?*) Es kann gar keinem Zweifel unterliegen, dass der Verfasser der Rchr. kein Geistlicher gewesen sein kann, sondern dem Kriegerstande angehört haben muss. Ob er nun selbst ein Ritter gewesen ist, oder sein deutsches Heimatland als Dienstmann eines Ritters verliess, das können wir nach dem, was er in der Rchr. über seine Person offenbart, nicht entscheiden. —

In welchem Verhältnis stand nun der Verfasser zum deutschen Orden? Trat er nur zeitweilig mit ihm in Berührung, vielleicht auf Kriegszügen, an denen er Teil nahm etwa als Dienstmann des Erzbischofs, oder war er als „Pilger" in Livland, oder gehörte er selbst als Ritter dem Orden an?

Gegen seine Eigenschaft als Vasall des Erzbischofs spricht die Thatsache, dass der Verfasser den Orden durchaus als oberste Macht in Livland hinstellt, während in Wahrheit Meister und Erzbischof gleiche Rechte hatten. Wir würden ferner in diesem Falle den Dichter nicht in den Kämpfen in Kurland in dem Masse beteiligt finden, wie er es wirklich ist, und ohne Zweifel würde Riga dann mehr in den Vordergrund gerückt sein. Dagegen spricht ferner die Thatsache, dass der Dichter alle Ereignisse von dem Standpunkt des Ordens aus beleuchtet und in das für diesen günstigste Licht zu setzen bestrebt ist. Am auffälligsten ist dies bei der Erwähnung des Abfalls des Königs Mindowe und des Königs Nameise vom Christenthum. Den Abfall des ersteren stellt der Chronist so dar, als ob er auf Betrieb einer christenfeindlichen Partei am Hofe des Königs erfolgt sei, in Wahrheit dagegen brach eine Empörung der Grossen aus, weil der Orden einen Teil der dem Neffen Mindowes abgenommenen Güter zurückbehielt, und

---

*) Die andern von Kallmeyer, Schirren und Wachtsmuth angezogenen Stellen (V. 1224. 4235. 9625) sind mir nicht beweiskräftig genug, um eine Abneigung gegen die Geistlichkeit seitens des Verfassers daraufhin zu behaupten.

dieser Aufstand, vom Orden selbst verschuldet, zwang Mindowe zum Abfall (L. U. B. II, R. 737, S. 31). Von Nameise sagt der Chronist V. 8660: *nicht vollen ich gesagen kan, waz éren unde wirdekeit von brůderen was an in geleit. er dankete es in mit valsche só*. In Wahrheit fielen aber die Semegallen, unter König Nameise bekehrt, vom Christenthum infolge der Bedrückungen durch den Ordensvogt ab; ferner wurde dem Orden zum Vorwurf gemacht, dass er vornehme Semegallen zu einem Gastmahle eingeladen und erschlagen habe, ferner, dass der König Nameise von einem Ordensbruder eine körperliche Züchtigung erfahren habe und deshalb vom Orden abgefallen sei. (L. U. B. II, R. 737, S. 31.)

Schwerlich auch würde sich der Vasall eines Geistlichen zu einem solchen Ausfall gegen die Geistlichkeit hinreissen lassen, wie der Vf. V. 6625 ff.

Eher schon liesse sich diese Darstellung zu Gunsten des Ordens und die Abneigung gegen die Geistlichkeit mit seiner Eigenschaft als Kreuzfahrer vereinigen.

Dann aber wäre zu erwarten, dass er die Unterstützung, die der Orden von dieser Seite erhielt, mehr hervorheben würde, als er es in Wirklichkeit thut. Von Kreuzfahrern führt er namentlich auf den Herzog Albrecht von Sachsen, den Grafen Albert von Lauenburg, Barwin von Meckelnburg, den Grafen von Arnstein, einen Edeln von Haseldorf und einen Grafen von Dannenberg, alle diese aus einer Zeit, wo er noch nicht in Livland gewesen sein kann, aus der Zeit seines Aufenthaltes in Livland aber führt er besonders, doch nicht namentlich, nur den *voget der pilgerime von Westevâlen lant* an (9349 f.), und *den herren von Rûwen* (9541. 8619. 9627. 9633). Das ist Wizlaw II. von Rügen, und der Verfasser hätte ihn gewiss mehr in den Vordergrund gestellt, und hätte gewiss auch die übrigen vornehmen Kreuzfahrer, die zu seiner Zeit nach Livland kamen, aufgezählt, wenn er selbst ein Kreuzfahrer gewesen wäre. Des *herren von Rûwen* gedenkt er sogar sehr unfreundlich als Stifters eines den Brüdern unwillkommenen Friedens mit den Semegallen (V. 9625 ff.). Nie auch wird die Heldenthat eines Kreuzfahrers erzählt, stets sind Ordensritter Helden der Erzählung und einmal (V. 7492) wird die Tapferkeit der Brüder, die mit Aufopferung des eigenen Lebens den Kreuzfahrern aus der Gefahr helfen, auf Kosten der Pilger hervorgehoben. Ferner spricht gegen diese Annahme die lange Dauer seiner Anwesenheit in Livland. Sein Aufenthalt umfasst gegen 45 Jahre! Nun wissen wir allerdings vom Bischof Philipp von Ratzeburg, dass er sich 4 Jahre lang in Livland aufgehalten habe (1211—1215), weil er von Kaiser Otto gebannt war, die meisten Pilger aber kehrten nach einjährigem Aufenthalt in Livland in ihre Heimat zurück, und ein Beispiel, das einen so langen Aufenthalt als Kreuzfahrer in Livland wahrscheinlich machen könnte, fehlt ganz und gar.

Mit der allergrössten Wahrscheinlichkeit kann man demnach annehmen, dass der Verfasser dem deutschen Orden angehört habe. Noch einen Schritt weiter glaubte Wachtsmuth gehen zu können (Quellen und Verf. d. l. Rchr. Progr. d. Gym. zu Mitau 1878). Er stellte die Ansicht auf, der ungenannte Ritter, der sich durch die feindlichen Scharen durchhieb, während der Meister Willekîn und viele Ordensbrüder mit ihm fielen, sei der Verfasser (vgl. V. 10667 ff). Die Betheiligung des Chronisten an dieser Schlacht halte ich mit Wachtsmuth für sehr wahrscheinlich, denn die Darstellung und Ausdrucksweise in V. 10444—10451 ist doch sehr auffallend. Der Ungenannte ist aber nicht der einzige Überlebende von den Mitkämpfern in dieser Schlacht, sondern von den 6 gefangenen Brüdern werden 4 von den Lithauern gegen Lösegeld zurückgegeben (V. 10723) und von dem Stellvertreter des gefallenen Meisters Willekîn an den Hochmeister als Augenzeugen abgesendet (V. 10779. 10786). Für den Fall also, dass der Verfasser wirklich an der Schlacht teilnahm, hätten wir immer noch freie Wahl unter diesen fünf Überlebenden, ganz abgesehen davon, dass auch durch diese Bestimmung die Gestalt des Verfassers für uns keine deutlicheren Umrisse erhalten würde; denn wenn wir wissen, dass er ein Ritter war, so wissen wir auch, dass er den Kämpfen nicht in beschaulicher

Ruhe zugesehen hat, sondern dass er selbst tapfer sein Schwert
gegen die Heiden geführt haben wird, und, wenn auch nicht
an allen, so doch an einzelnen von ihm erzählten Schlachten,
Gefechten und Streifzügen Teil genommen hat.
Erwähnen will ich noch, dass dieser tapfere Ungenannte
von Schirren durch eine falsche Auffassung von V. 11243 und
Combination dieses Verses mit V. 10422 f. 10572. 10667.
10736 ff. mit Bertolt von Schowenbure, dem Fahnenträger des
Ordens in jener Schlacht, identifiziert wird. Für die Verfasserschaft dieses Bertolt fehlt natürlich vollends jeder Anhalt.

IV. Die Zeit der Abfassung.

Die Unterschrift unter dem Codex R ist gefälscht, die
dort als Jahr der Abfassung angegebene Zahl 1296 kann deshalb auf Glaubwürdigkeit keinen Anspruch machen. Es bleibt
also die Abfassungszeit der Chronik zu untersuchen.

Drei Gesichtspunkte sind bei Erörterung dieser Frage fest
im Auge zu behalten:

1. Dem Verfasser lag, bevor er an die Arbeit ging, sein
Material bereits gesammelt vor, denn sonst könnten sich
Hinweise und Beziehungen auf Ereignisse späterer Zeiten,
als der, die er gerade berichtet, nicht vorfinden (vgl.
V. 562. 2068 [*zú dem érsten*]. 2195. 2275. 2333. 2356.
2724. 3589. 3601. 3846. 4314. 4629 [*zwei jár*]. 4635.
5723 ff. 6150. 6337. 6792. 7676 [*vil manich jár*]. 7993.
8180 [Dünaburg soll erst gegründet werden. Der Verfasser spricht aber davon als von etwas bereits Bestehendem]. 9410. 10742 [findet seine Beziehung erst V. 11241]).
Diese Hinweise deuten in einzelnen Fällen über eine
ziemlich grosse Spanne Zeit hinweg, so V. 4629 über den
2jährigen Waffenstillstand mit den Samaiten, V. 9410 über
die Regierungsdauer Conrads von Feuchtwangen als Landmeister von Livland (Juli 1280 bis Sommer 1281),
V. 5723 ff. sogar über mindestens 15 Jahre weg. Der

Aufstand der Natangen, Samen und Preussen, welche nach der für den Orden so unglücklichen Schlacht bei Durben (1260) ausbrach, dauerte 15 Jahr. Kurz nach 1275 loderte er aber wieder auf und dauerte bis 1283. Die Erzählung der Ereignisse dieses Jahres erst beschliesst Peter von Dusburg mit den Worten: Explicit bellum Pruthenorum. Incipit bellum Polonorum (Scr. r. P. I, 146). Also wird sich auch V. 5723 auf das Jahr 1283 beziehen, und demnach über einen Zeitraum von über 20 Jahren hinwegweisen. Kaum wird der Verfasser den Abfall einiger Stämme in Preussen damit meinen, welche sich 1286 vereinigten und den Fürsten Jaromar von Rügen*) ins Land rufen und zu ihrem Herrscher machen wollten. Diese Absicht wurde entdeckt und der Abfall im Keime erstickt. Den Abfall der Natangen im Jahre 1295 hat der Dichter wohl kaum noch gekannt.

2. Die Chronik ist nicht in Abschnitten verfasst, sondern vom Dichter von vornherein auf den Umfang, den sie jetzt hat, oder eher noch einen grösseren Umfang (siehe Nr. 3) angelegt.

Es sind Versuche gemacht worden, nachzuweisen, dass der Dichter seine Chronik ursprünglich nur bis zum Jahre 1279 (nach der Marienrechnung der Kchr. [V. 8501: 1278]) habe führen wollen, dass also die ursprüngliche Dichtung nur bis V. 8510 gereicht habe (so Wachtsmuth a. a. O.).

Dagegen spricht aber V. 8487: *„nu wil ich aber sagen vort"*, denn wenn der Dichter zum Schlusse eilt, wird er nicht 20 Verse vorher die Absicht aussprechen, in der Erzählung wieder fortzufahren; ferner spricht dagegen die Beziehung auf das Jahr 1286 in V. 5723 ff. Den Grund zu dieser Annahme gab Wachtsmuth das *amen* V. 8510. Dasselbe braucht aber durchaus nicht den Schluss der ganzen Chronik zu bilden, sondern es ist der Schluss des

---

*) Den Bruder Wizlaws II.

Segens, den der Dichter über die Gefallenen spricht (V. 8505—8510).

Schirren sah den Schluss der ursprünglichen Chronik in V. 11647: „*wer mêr gelebe der schribe nâch*", und erklärt das Folgende bis V. 12017 als einen Anhang, „der durchaus unbedeutend ist und die Abrundung des Gedichts missförmig verlängert" (Mitth. VIII, S. 76). Der Grund, den Schirren dazu angiebt, ist äusserst hinfällig: „Dass in der That mit V. 11647 die Chronik ursprünglich ihren Schluss fand, lässt sich gerade aus der Dreizahl des Reimes folgern. . . . . . . Gerade so endeten Konrad v. Würzburg und Andere häufig eine Reihe ihrer zweireimigen Verse (S. 34)." Nun kommen in der Rchr. noch an 2 Stellen Folgen von 3 Reimen vor: V. 11934 und 11945. Also müssten wir auch von diesen Stellen annehmen, dass sie ursprünglich den Schluss der Dichtung dargestellt hätten.

Dagegen ist Folgendes zu bemerken: Es kann gar kein Zweifel sein, dass dem Verfasser, als er die Ereignisse des Jahres 1287 beschrieb, bereits die Aufhebung von Heiligenberg als Festung*) (1290 oder 1291) bekannt war. Das beweisen V. 10945. 11343. V. 10945 spricht er bereits von Heiligenberg als einer nicht mehr bestehenden Burg: *der Heiligeberc was er genant u. lac in der viende lant*, ebenso 11343: *der Heiligeberc lac dabie*. Das Imperfektum *lac* ist hier nicht einfach als Tempus der Erzählung zu erklären, denn der Verfasser scheidet bei Angaben dieser Art streng zwischen dem Präsens und dem Imperfektum. Das erstere wendet er nur dann an, wenn die Burg oder Stadt zu seiner Zeit noch bestand, das letztere, wenn die Zerstörung derselben bereits erfolgt und ihm bekannt war. Diese strenge Trennung im Gebrauch der Tempora bei derartigen Angaben ist für den Dichter Regel und nirgends gestattet er sich eine Ab-

---

*) R.-Chr. V. 11794 ff.

weichuug davon. Alle hierher gehörigen Beispiele stelle ich im Folgenden kurz zusammen:

Amboten — liget ouch in Kûrlant (11775). *Darbet — liet bî der Rûzen lant* (6695) *und ich wil ûch sagen, wô die stat gelegen ist* (6663). *Dünemunde — liet ûf des meres strant* (6923 ff.). *Elbing — die stat in Prûzen lande liet* (16851). *Goldingen — liet noch in Kûrlant* (2409) *und die burc in Kûrlande stât* (9112). *Ickesculle — liet noch in Nieflant* (223). *Kirsburc — liget noch in Prûzenlant* (9673). *Mitowe — liget vor Semegallen lant* (7405. 11868). *Nogarden — eine stat in Rûzenlande ist* (2179). *Riga — dâ ist die Rige bî gelegen* (8881) und *die stat zû Rîge ir vrîheit hât* (6687). *Susdal — ouch in Rûzen lande liet* (2205). *Talsen- liet noch in Kûrlant* (11816). *Velin — lît nicht verre von der walstat* (1384). *Wizenstein — ist der besten burge ein, die in Nieflande liget* (7517). Nirgends also in der Erzählung das Tempus der Erzählung.

Dagegen:
der Heiligeberc l a c in der viende lant (10945), *l a c dabîe* (11343, zerstört V. 11804). *Isburc ... die burc hôrte den Rûzen zû* (7707, die Zerstörung von Isburc ist eben erzählt worden), von *Kretênen: in w a s ein burc gelegen bîe* (6977 ff., Zerstörung V. 7058 erzählt), endlich *Lasen . . . . l a c dannoch in Kûrlant* (6825).

Hätte also der Verfasser die Schleifung von Heiligenberg noch nicht gekannt, so hätte er V. 10945. 11343 sicher *liget* geschrieben, da er sich sonst einer derartigen Genauigkeit befleissigt. Folglich kann er V. 10945. 11343 erst nach dem Jahre 1290 (1291) geschrieben haben, und daraus folgt, dass auch V. 11647 *(wer mêr gelebe der schrîbe nâch)* aus der Zeit nach 1290 (1291) stammen müsste. Dann wäre der Vers aber ganz überflüssig und sinnlos, denn die in V. 11648—12017 erzählten Ereignisse fallen noch in das Jahr 1290 (1291) und bringen selbst den Bericht über die Schleifung von Heiligenberg (V. 11794 ff.). Mit Recht hat ihn Pfeiffer als spätere Interpolation entfernt. Einen Schluss der Chronik haben wir auch hier nicht anzunehmen (vgl. F. Vogt, Mhd. Lit. bei Paul, Grdr. II, S. 305, § 34. Dort dieselbe irrige Ansicht wie bei Schirren).

3. Der Chronik fehlt ein eigentlicher Schluss. Jedenfalls ist der Dichter durch den Tod von seiner Arbeit abgerufen worden. Allzuviel Material kann er aber nicht mehr vor sich gehabt haben, denn die Hinweise auf später zu Erzählendes fehlen gegen den jetzt vorhandenen Schluss ganz und gar, während sie, wie oben gezeigt wurde, in früheren Partieen der Chronik ziemlich häufig waren.

Die letzten Begebenheiten, welche die Rchr. berichtet, fallen in das Jahr 1290, oder, da die Rchr. die Marienrechnung gebraucht, vielleicht auch in den Anfang 1291. Mit dem Schluss der Chronik ist natürlich auch der terminus a quo gegeben. Nach 1291 ist sie verfasst, aber jedenfalls, aus dem oben angedeuteten Grunde, nicht sehr viel später. Man könnte V. 11670 so verstehen, als ob der Verfasser noch die ganze Regierungszeit Holtes von Hohenbach in Livland zugebracht habe, also 2 Jahre; ob man mit dieser Vermutung das Richtige trifft, ist aber fraglich.

Sicher ist die Chronik nach dem Tode des V. 8929 ff. gerühmten Johann von Ochtenhusen geschrieben (vgl. V. 8932: *bie sinen tagen*, 8941: *was sin leben*). Im Ronneburger Necrolog wird der Tod dieses Johann von Ochtenhusen erwähnt,*) leider aber ist gerade das Datum unleserlich und dadurch eine Anknüpfung unmöglich. Nicht einmal eine Vermuthung über die Zeit seines Todes im Ungefähren ist möglich, da die ihn betreffende Angabe im Nekrolog die letzte ist, und die vorhergehenden nicht streng chronologisch aufeinander folgen.

Noch weniger lässt sich eine genaue Bestimmung für den terminus ad quem geben, nur soviel ist sicher, dass der

---

*) Sein Name ist von Strikowski dort verstümmelt worden zu Hanus z Hortenhazu. Vgl. Scr. r. Pr. I, 146.

Verfasser im Jahre 1297 nicht mehr in Livland gewesen sein kann.

Im Jahre 1297 brach zwischen dem Orden einerseits und der Stadt Riga und dem Erzbischof andererseits ein Krieg aus, der auf beiden Seiten mit der grössten Erbitterung und Grausamkeit geführt wurde. Der Orden belagerte die Stadt Riga, suchte sie durch Absperrung der Zufuhr zu Wasser und zu Lande auszuhungern und verwüstete die Obstgärten, Pflanzungen, Wiesen und Saaten rings um die Stadt. Die Bürger ihrerseits rächten sich durch Zerstörung des Ordenshofes, den die Brüder in der Stadt besassen. Von dieser Zerstörung des Hofes zum heiligen Georg weiss der Dichter nichts, wo er ihn erwähnt, spricht er von ihm als etwas Bestehendem (3711. 8898). Die livländischen Quellen erwähnen den Akt der Zerstörung des Schlosses an und für sich nicht. Nur in einer Urkunde aus dem Jahre 1340 wird die Thatsache, dass es zerstört ist, erwähnt: dort versprechen die Bürger, dem Orden für den „im ersten Kriege" zerstörten Hof einen neuen Bauplatz zu überweisen. (L. U. B. R. II, 875.) Natürlich musste es im Interesse der Bürger liegen, sich sobald als möglich dieser Zwingburg zu entledigen, um in ihren Unternehmungen gegen den Orden freie Hand zu haben, und dazu stimmt die Angabe des lübischen Kanzlers Albrecht von Bardewyk, dass die Zerstörung am 30. September 1297 erfolgt sei, vortrefflich (vgl. Scr. r. Pr. I, 164. Anm. Grautoff, Lübische Chroniken in nd. Sprache I, 411—428).

Das sind die beiden einzigen festen Punkte, welche uns der Inhalt der Rchr. bietet. — Bedenkt man aber, dass der Verfasser bei seiner Ankunft in Livland (1246) sich bereits in waffenfähigem Alter befunden haben muss (kurze Zeit darauf finden wir ihn bereits als Teilnehmer in den Kämpfen um Memel), so ergiebt sich von selbst die Unmöglichkeit, die Entstehung des Werkes zu tief in die neunziger Jahre hinein zu verlegen. Als Jahr seiner Abreise aus Livland dürfte nach dem oben Gesagten etwa 1293 anzunehmen sein. Die Ausarbeitung des gesammelten Stoffes, soweit der Verfasser das nicht schon etwa in Livland besorgt hatte, muss eine geraume Spanne Zeit in Anspruch genommen haben bei der sorgfältigen Behandlung des Reimes sowohl wie des Metrums. Man trifft wohl das Richtige, wenn man 1296 oder 1297 als Jahr der Vollendung der Chronik ansieht, die Entstehung derselben also in das zweite Drittel der neunziger Jahre verlegt.

VITA.

Geboren wurde ich, Friedr. Karl Ludwig Richard Linder am 21. März 1867 zu Leipzig als Sohn des † Privatmannes Georg Michael Linder. Ich bekenne mich zur evang.-luther. Lehre. Den ersten Unterricht erhielt ich in der Bürgerschule meiner Vaterstadt. Von Ostern 1878 besuchte ich das Nikolaigymnasium zu Leipzig. Nach abgelegtem Abiturientenexamen verliess ich dasselbe Ostern 1887, um mich auf der Universität Leipzig germanistischen und historischen Studien zu widmen. Im Sommersemester 1889 studierte ich in Berlin, kehrte aber bereits im Wintersemester desselben Jahres nach Leipzig zurück.

Während dieser Zeit habe ich Vorlesungen gehört bei folgenden Herren Professoren, bzw. Privatdozenten:

Arndt	Hildebrand	Sohm
v. Bahder	Holz	v. Treitschke
Biedermann	Leskien	Voigt
Brugmann	Löwenfeld	Wachsmuth
Dilthey	Maurenbecher	Wenck
Elster	Mogk	Wolff
Geiger	Ratzel	Wülcker
v. Gyzicki	Erich Schmidt	F. Zarncke.
Heinze	Seydel	

Ein Semester habe ich an den gotischen Übungen des Herrn Dr. Holz teilgenommen.

Dem kgl. deutschen Seminar gehörte ich 4 Semester hindurch an, davon 3 als ordentliches Mitglied, dem historischen Seminar (Proff. Arndt, Busch, Maurenbrecher) 3 Semester.

Ausserdem hörte ich 4 Semester hindurch die Privatissim: des Herrn Prof. Hildebrand über das Nibelungenlied, Meic Helmbrecht, mhd. Lyrik, Goethes Philosophie und Walthe v. d. Vogelweide.

Allen meinen Herren Lehrern sei an dieser Stelle mei: allerherzlichster Dank ausgesprochen, vor allem Herrn Geheim rath Prof. Zarncke, durch dessen wohlwollende Ermunterun; die vorliegende Arbeit wesentliche Förderung erfahren hat Herrn Prof. Hildebrand und Herrn Prof. v. Bahder.